新装版

写真とイラストでいちばんわかりやすい

はじめての盆栽づくり

監修／松井孝　指導／関野正

実用No.1
主婦の友社

盆栽を楽しむ

盆栽は、自然の中で生きている樹の姿やその場の景観を
作者の感性で小さな鉢の中で再現したもの。
自然の豊かな日本の風土の中で育まれてきた、日本の誇る伝統文化です。

樹種によって、仕立て方によって、
また一本の樹でも四季折々に、さまざまな美しい姿を見せてくれる盆栽。
最近は、海外でも高く評価されています。

盆栽と聞くと何だか難しそうですが、実際はそうでもありません。
最初のうちは、じょうずにつくれないかもしれませんが、
少し慣れてくると、四季折々の風情を楽しめるようになります。

また「盆栽はお金のかかる趣味だ」と思っている方もいるかもしれませんが、
実はそうでもありません。
実生苗なら数百円で手に入り、長く育てる楽しみが味わえます。

せっかく日本に生まれてきたのに、盆栽を知らないことはもったいないこと。
小さな一鉢、二鉢から、盆栽を楽しみましょう。

もくじ

その他の雑木盆栽

コラム

Part 1

盆栽の魅力

世界中の人々から注目されている、日本の園芸文化を代表する盆栽。そんなすばらしい盆栽を、ぜひ楽しみたいものです。でも、盆栽のことをあまり知らない人も多いかも。まずは、盆栽の魅力を知るところから始めてみましょう。

黒松　高さ30cm、幅62cm。関野 正 蔵

盆栽を身近に楽しむ

盆栽と聞くと「何だか難しそう」「飾る場所もないし……」とあきらめている人も多いかもしれません。しかし、実際はもっと気軽に、簡単に楽しめるのが盆栽です。最近人気の小さな盆栽は置き場所も自由。鉢花や観葉植物などと同様に机の上やテーブルに飾れば、ちょっとした和の雰囲気が楽しめます。小さな一鉢から、粋な盆栽ライフを始めましょう。

窓際のテーブルに飾った盆栽。左：五葉松高さ27cm、幅37cm。右：楓 高さ17cm、幅13cm。

玄関の靴箱の上に飾ったいくつかの盆栽。上段左：楓（石付き）高さ11cm、幅9cm。右：五葉松 高さ10cm、幅11cm。下段左：紅葉（実生2年目）高さ11cm。中：黒松 高さ14cm、幅22cm。右：五葉松 高さ13cm、幅13cm。

左:黒松　高さ21cm、幅30cm。
右:楓　高さ8cm、幅7cm。

窓辺の机の上を飾る。左:紅葉（実生2年
目）高さ11cm。右:黒松 高さ14cm、幅22cm。

左:楓　高さ7cm、幅6cm。右:五葉松「明
星（みょうじょう）」（葉が短くて性のよい品
種）高さ14cm、幅14cm。北野 肇氏 蔵

小さなベンチ形の置物に飾った楓 高さ5cm、幅4cm。

左：五葉松 高さ11cm、幅9cm。右：楓（石付き）高さ20cm、幅16cm。

洗面所に飾った真柏 高さ16cm、幅13cm。左はローズマリー（挿し木2年目）。松井孝蔵

和室の飾り棚に置いた盆栽。左：五葉松 高さ
15cm、幅14cm。右：黒松 高さ17cm、幅21cm。

五葉松　高さ9cm、幅10cm。花井絵里氏 蔵。石　遠山と舟。

楓（石付き）高さ11cm、幅9cm。

楓（石付き）高さ9cm、鉢幅24cm。

黒松　高さ23㎝、幅29㎝。

手づくりの飾り棚に置く。上段左：黒松 高さ20㎝、幅8㎝。中：紅葉 高さ8㎝、幅12㎝。右：黒松 高さ14㎝、幅18㎝。中段：楓 高さ8㎝、幅15㎝。下段左：黒松 高さ10㎝、幅13㎝。右：紅葉 高さ14㎝。

玄関先で丸太を利用して飾る。上左：黒松　高さ20㎝、幅20㎝。中：楓（石付き）高さ17㎝、幅18㎝。右：楓 高さ20㎝、幅20㎝。下：モントレー糸杉 'ゴールドクレスト' の寄せ植え 高さ25㎝。手前の白い花はワスレナグサ。

盆栽を高い位置に置くときは、風などで落ちないように、テグスやひもなどで縛って固定しておくことが大切。

＊8〜13ページで紹介した盆栽で所蔵者の記載がないものは、関野 正 所蔵の樹です。

剪定した庭木の枝を利用してつくった盆栽台。小さな盆栽を立体的に飾って楽しめる。松井 孝 作。

盆栽のいろいろな魅力

盆栽は自然の中で生きている樹の姿やその場の景観を作者の感性で小さな鉢の中で再現したもの。樹種によって、仕立て方によって、また一本の樹でも四季折々に、さまざまな美しい姿を見せてくれます。盆栽のいろいろな魅力を紹介しましょう。

大樹の味わい

力強い根張り、隆々とした立ち上がり、古色を感じさせる幹肌、細やかな葉性など、長い間、風雪にさらされた大樹を感じさせるのが盆栽の第一の魅力です。

力強い常緑の葉

一年中緑の葉を楽しめるのが、常磐木とも呼ばれる常緑の松柏盆栽の魅力。寒さにも負けない、力強い生命力を感じます。

黒松　高さ20cm、幅30cm。関野 正蔵

榎　高さ70cm、幅70cm。関野 正蔵

冬の寒樹（かんじゅ）

冬には葉を落とし繊細な枝ぶりが見られるのは、雑木盆栽ならではの魅力。細やかな枝ぶりを楽しみながら静かな冬を味わいましょう。

手軽に楽しめる樹高10〜30cm程度の盆栽

盆栽はいろいろな大きさで楽しめるのも魅力のひとつ。一人では動かせないような大きなものから、手のひらにのるミニ盆栽まで、好みの大きさの盆栽を楽しめます。小さくても古木、大樹の味わいがある、それが盆栽の真骨頂です。管理がしやすい樹高10〜30cm程度の盆栽から始めてみましょう。

楓　高さ10cm、幅12cm。関野 正蔵

美しい紅葉

秋に美しく紅葉するのもモミジやカエデなどの雑木盆栽の魅力。樹種によって赤や黄色に変化する葉色は千差万別。季節の移り変わりを感じさせてくれます。

楓
高さ11㎝、幅13㎝。
関野 正蔵

楓（石付き）
高さ23㎝、幅11
㎝。関野 正蔵

老爺柿　高さ20㎝、幅30㎝。
関野 正蔵

景観づくり

樹と石とを組み合わせてつくる石付きは、断崖絶壁に生える樹の姿を再現できます。さらに、ひとつの鉢に複数の樹を植える寄せ植えでは、雑木林や鎮守の森などの景観づくりが楽しめます。

花と果実

盆栽も植物ですから、花を咲かせ実をつけます。ウメやサクラ、ツバキなどのほかにも美しい花を咲かせるものはたくさんありますし、ロウヤガキやヒメリンゴなどのように鮮やかな実が楽しめるものも数多くあります。松柏盆栽の多くは花や実が目立ちませんが、イチイなどのように赤い実をつけるものもあります。

石榴　高さ25㎝、幅
28㎝。関野 正蔵

15

盆栽の見方と見どころ

よい盆栽を見ても、はじめのうちは「どこがいいのか、よくわからない」ということも多いようです。それは、盆栽の見どころがよくわかっていないから。ルールを知らない人が野球やラグビーの試合を見ても、おもしろくないのと同じです。

見どころがわかってくると、おのずからいい樹とそうでもない樹がわかるようになります。どんな樹がいい樹かは、もちろん個人の好みや感性によって違ってきますが、だれが見てもいい樹というものはあるものです。盆栽の美は、長い年月をかけて培ってきた日本人の美意識の結晶。「見どころ」を知っているのと知らないのとでは、盆栽の味わいが違ってきます。

樹芯
樹の上部の枝、葉の茂っている部分を樹冠と呼び、その頂点を樹芯、または芯といいます。芯は樹の姿を引き締めるうえで重要です。樹全体のバランスを見て芯づくりをしましょう。同時に、茂った樹冠の枝数も調整します。

葉性
葉の大小、向き、色みなどがそろったものがよいとされます。盆栽は樹自体も小さくしているので、葉も小さいことが大切。芽切りや葉刈りで葉を短くしたり、小さくする工夫をします。

樹形
いろいろな樹形の樹がありますが、どんな樹形でも、幹や枝のバランスがとれていると心地よく、美しく感じられます。

立ち上がり
根元からいちばん下の枝までの部分を「立ち上がり」と呼びます。幹が最もよく見える部分で、この部分のよしあしで盆栽の樹格が決まるともいえます。

根張り
根が地表に出ている部分を「根張り」と呼びます。特に直幹のような樹形では、大地をしっかりつかんでいるような「八方根張り」が理想です。樹形によっては、片根張りでもバランスのよいものがあります。カエデやブナなどの古木では、根と根がつながった「盤根」となったものも見どころのひとつとなっています。

枝配り

どこにどのような枝が出ているかという枝の配置を「枝配り」と呼びます。左右や長さのバランスが大切です。

幹肌

幹肌の風合いが盆栽の見どころのひとつ。錦松（黒松の一種）などのように、ゴツゴツした樹皮が魅力のものもあります。ケヤキやサルスベリなどではすべすべしたなめらかな幹肌が好まれます。

幹模様

幹の曲がり方や太さの変化などを「幹模様」と呼び、盆栽の大切な見どころです。幹が下から順に細くなっていくさまを「こけ順」と呼び、自然な感じで細くなっていくものを「こけ順がよい」といいます。細い幹を長く伸ばしてつくる「文人木」では、幹模様が大きな見どころになります。

根

根が高く露出している盆栽を「根上がり」と呼びますが、そのような樹形では根が大きな見どころ。

鉢

鉢の形、大きさ、色などと樹のバランスが大切です。樹種や樹形によっても合う鉢が違いますが、松柏類には泥物、雑木類には釉薬物がよく使われます。

飾り台

鉢をのせる台を「飾り台」といいます。いろいろな形のものがあり、懸崖樹形の盆栽などは脚の長い飾り台を使います（19ページ参照）。脚のない一枚板のものを「地板（じいた）」と呼びます。盆栽を飾るときは、樹形や鉢の大きさと飾り台とのバランスも大切です。

舎利と神

幹が枯れて樹皮が剥げ、心材だけになった部分を「舎利」、枝がそのようになったところを「神」と呼び、樹に風格を与えます。盆栽では樹皮を剥いで人工的につくります。シンパクやトショウ、イチイなどでつくられます。

盆栽の樹形

盆栽の樹形づくりでは、忌み枝と呼ばれる不要枝の処理が重要です。それらを理解したうえで、好きな樹形を自由につくればよいのですが、はじめのうちはよい樹をまねてつくるのが上達の近道。代表的な樹形を紹介しますので、どんな樹形にしたいかを考えて樹づくりを始めましょう。盆栽を購入するときも、この樹は将来どんな形にしたいかを考えて選ぶようにします。

模様木（もようぎ）

幹が左右にゆるくうねりながら上に伸びる樹形です。自然界でも多くの樹木で見られ、ほとんどの樹種に合う樹形で、幹の曲がりぐあいや枝配りなどが変化に富み、盆栽でも最も多く見られる基本の樹形です。

樹全体の形が三角形になるように

樹冠は普通、古木は丸く、壮木は鋭角に、若木は芯を立てる。

枝の間隔は上へ行くほど狭く（枝順がよい）

幹は上へ行くほど細く（こけ順がよい）

三の枝

裏枝＝樹の後ろに伸びる枝

二の枝

一の枝

樹の正面の下枝は切り取り、立ち上がりや幹模様を見せるようにする。

立ち上がり

枝は水平かやや下に伸ばす（枝はほうっておくと上に伸びるので、針金をかけて下に向ける＝枝を下げる）

直幹
ちょっかん

1本の幹がまっすぐに立ち上がる、最も基本的な樹形。特にマツやスギ、ヒノキなどに合う。

斜幹
しゃかん

1本の幹が根元から斜めに立ち上がる樹形。アカマツやクロマツなどに合う。

蟠幹
ばんかん

模様木を上から押しつぶしたような、根元から屈曲捻転した樹形。クロマツやシンパクなどに合う。

寄せ植え
よせうえ

ひとつの鉢に何本もの樹や草を植えた樹形。苗木でも植えてすぐに観賞できる。

吹流し
ふきなが

幹や枝を同じ方向に伸ばした、風の流れを感じさせる樹形。クロマツ、ゴヨウマツ、シンパクなどに合う。

文人木
ぶんじんぎ

下枝の少ない細長い幹に変化のある模様をつけた樹形。単幹のほか、双幹、三幹のものもある。多くの樹種に合う。

双幹
そうかん

根元から2本の幹が立ち上がる樹形。モミジ、ブナ、トショウなどに合う。

三幹
さんかん

3本の幹が根元から立ち上がる樹形。モミジ、ブナ、トショウなどに合う。

株立ち
かぶだ

5本以上の幹が根元から立ち上がる樹形。カエデなど、自然の状態で株立ちになりやすい雑木などに向く。

ほうき仕立て

幹の上部がほうきを逆さに立てたように枝分かれする樹形。ケヤキに合う。

根上がり
ねあ

根を高く露出させた樹形。クロマツやシンパク、モミジ、カエデなど、多くの樹種で個性的な樹形づくりができる。

根連なり
ねつら

根でつながった幹が何本も立ち上がった樹形。モミジやカエデ、チョウジュバイなどの雑木に向く。

石上石付き
せきじょういしづ

石に樹をくっつけた石付きの一種。樹が石の上の土だけで生育するもの。

石抱き石付き
いしだ いしづ

石に樹をくっつけた石付きの一種。根が鉢土の中に入っているもの。

懸崖
けんがい

幹や枝を鉢底よりも下まで伸ばして、断崖絶壁に張りつく樹の姿を表現した樹形。クロマツ、ゴヨウマツなどに合う。

半懸崖
はんけんがい

懸崖の一種で、幹や枝が鉢底より下には下がらないもの。多くの樹種に合う。

盆栽展に出かけよう

　各地で開催されている盆栽展に出かけてみましょう。ベテラン愛好家が長年丹精を込めた作品が間近に見られるチャンスです。どんなものにもいえることですが、よいものを見るというのはとても勉強になるもので、根張りの様子や幹模様、枝配りなど、参考になるところが多々あることでしょう。いろいろな点を注意して見ていると、時間のたつのも忘れるほどです。また、盆栽展では、会場近くで盆栽や苗木、鉢や盆栽用具などの売店が併設されていることも多いので、好みの品を探す楽しみもあります。インターネットや雑誌などで調べれば各地の展示会の予定が事前にわかるので、時間をつくって出かけてみましょう。

盆栽展の会場の様子。愛好家が丹精込めた作品が美しく飾られている。（第23回秋雅展）

盆栽の席飾り。個々の盆栽の仕立て方ばかりでなく、盆栽の組み合わせや飾り方も参考になる。（第23回秋雅展）

小さな盆栽の売り場。

鉢や資材の売り場。

盆栽の手入れの基本

盆栽を育てるためには、日々の管理が大切です。それぞれの樹種の管理はそれぞれのページを見てもらうこととして、ここでは多くの樹種に共通する注意点を紹介します。

盆栽の置き場所

盆栽は、屋外の日当たりと風通しのよいところで育てるのが基本です。日当たりがよければ光合成も盛んになり、樹も元気に育ちます。風通しがよければ湿気もこもらないので、病害虫の発生も防ぐことができます。

春から秋は屋外で育てる

　盆栽に使われる樹種の多くは日本の山野に自生しているものですから、基本的には、年間をとおして屋外で育てることができます。しかし、大地にしっかりと根を張っている自生の樹木と違い、小さな鉢のわずかな用土で生きなければなりません。夏の強い日差しや冬の乾いた寒風からは守ってやりましょう。

●鉢は必ず棚か台の上に置く

　地面に直接置くと、風通しが悪いうえに、鉢土の乾きも悪くなります。また、水やりや降雨のたびに、はね返りで幹や葉を汚し、病気にかかりやすくなり、生育も悪くなります。アリやナメクジなどの害虫の被害も受けやすくなります。

庭では高さ0.5～1ｍの棚をつくると風通しもよくなり、作業も楽。棚と棚との間隔は十分とって通路を確保する。

ベランダでは鉢の間隔をあけて風通しをよくする。

夏の置き場所

夏の強い日差しを受けると、雑木などは葉やけを起こしやすくなります。葉やけを起こすと、秋の黄葉、紅葉が楽しめないだけでなく、生育にも悪影響を及ぼします。西日の強いところでは寒冷紗で遮光するとか、西日が当たらないところに移すなどの保護が必要です。また、鉢の間隔をあけ、風通しをよくすることも大切です。

ベランダの置き場

日当たりと風通しのよいベランダは、盆栽に適した置き場所のひとつ。ただし、夏は温度が上がりやすいので暑さ対策が必要です。直射日光が当たって高温になる床には直接置かず、高さ40㎝以上の棚をつくってその上に置きましょう。壁面からも40〜50㎝離したほうがよいでしょう。棚板は温度が上がりにくく湿度が保ちやすい木製が向いています。棚の台には軽くて丈夫なプランターを利用するのもおすすめ。ひな壇式の棚にすると、日当たり、風通しもよくなり、見ばえもよくなります。隣の鉢との間隔は十分あけて風通しをよくしましょう。

冬の置き場所

寒さに弱い樹や小枝の多い樹は、雪が降ったり鉢内が何日も凍るような地方では、暖房のない明るい室内に取り入れます。その際も、一度は寒さにあわせ、季節感をもたせることが、樹のために大切です。屋外に置いた盆栽は、寒さよりも冷たい風に気をつけます。寒風にさらされると蒸散が激しく、枝枯れを起こしたりします。軒下などに取り入れたものでも、風当たりの強いところは風よけの工夫が必要です。

実生1〜3年目のミニ盆栽の素材など。冬は北風の当たらない日だまりに置く。

●水ぎれさせないように水やりしましょう

水やり

盆栽の鉢は観葉植物や草花など他の鉢植えの鉢に比べても
たいへん小さく、ごく少量の土しか入っていません。そのため乾きも
早いので、こまめな水やりが必要です。乾きすぎないように気をつけ
て水やりしてください。

水は鉢底から流れ出るまでタップ
リと。ほかの地植えに比べ盆栽は
鉢が小さく乾きやすいので、水ぎ
れには十分注意する。

水やりの基本

水は表土が乾いてから、ジョウロで鉢底から少し流れ出
るまで与えるのが基本です。鉢土の乾き具合は天候により
左右されます。鉢土を指で触るなどして毎日観察し、乾い
たら水やりをしましょう。Part 4「樹種別・盆栽の手入れ」
の項にある管理・手入れカレンダーの「〇日に〇回」という
記述は、おおよその目安としてご利用ください。

春、秋の水やり

水やりは、水の補給とともに鉢内の空気の交換もしてい
ます。鉢内が乾いていないのに、次から次と水やりをして
いると、水が停滞して酸欠状態になり、根腐れの原因にな
ります。水やりの基本は、鉢土の表面が白っぽく乾いてき
たら与えること。鉢底から水が流れ出るまでたっぷりと与
えましょう。毎日、鉢をよく観察することが大切です。

梅雨期と夏の水やり

梅雨期、雨がしとしとと降っており、表土もぬれている
ので水やりはしなくてもよいと思いがちです。しかし、しと
しとくらいの雨では雨量としてはたいしたことがなく、表土
がぬれていても鉢の中はカラカラということがあります。ま
た、葉が茂っていると葉が傘の役目をして雨水は鉢の外に
落ちてしまいます。少しくらいの雨のときは十分な水やり
が必要です。

夏は気温が高く、葉からの蒸散が激しいので、それだけ
水やりをする必要があります。特に、小さな鉢に植えた葉
の多い雑木などでは、水ぎれですぐに葉や根が傷みます。
夕方の葉水や鉢土への水やりが効果的です。葉水は、大気
汚染やほこりを洗い流し、葉の温度を下げてくれます。

冬の水やり

冬でも樹は生育しています。葉があるときは水ぎれをす
ると葉がしおれるのですぐにわかりますが、落葉する樹種
では現象がすぐあらわれないので、つい忘れがちです。水
をきらすと春の芽出しに影響が出てきます。冬の水やりは
暖かい日の午前中に行い、夜には鉢内に水が滞らないよう
にします。寒くても空気が乾燥しているので、思いのほか
鉢内が乾くことがあります。乾いている鉢には水やりをし
ましょう。

鉢が小さなミニ盆栽は特に乾きやすいので注意する。夏など
は1日2回以上の水やりが必要になることもあるので、頻繁
な水やりができない場合は乾かさないような工夫が必要。ト
レーなどに砂を入れて水をまき、その上に鉢を置くのもよい
方法。トレーに水がたまらないよう、底には穴をあけておく。

● 大きくしたくない盆栽は肥料も控えめに

肥料

盆栽は小さな鉢の中の限られた土だけで成長していくものですから、養分が不足しがち。適切な施肥で補ってやる必要があります。しかし、小さく育てることが盆栽の目的のひとつ。大きくしたくない成木は、肥料も控えめにします。

肥料の種類

肥料は、油かすや魚粉のような有機質肥料と、化学的に合成された化成肥料に大別されます。形状としては塊状や粒状の固形肥料と、液状の液体肥料があります。効き方もすぐに効く速効性肥料と、ゆっくり効く緩効性肥料があります。盆栽に与える肥料は、油かすと骨粉が混ざっている緩効性の玉肥が一般的で、補助的に速効性の液体肥料を使うこともあります。最近はいろいろな種類の肥料が市販されているので、説明書などをよく見て、使いやすいものを選んでください。

肥料を与える時期

盆栽では多肥は厳禁です。肥料を施す時期は、樹種によって多少異なりますが、一般的には樹が活動期に入る3〜5月と、冬に向かって養分をため始める9〜10月が中心になります。ただ、これから樹形を仕立てていく若木は春から十分に肥料を施し、力をつけていきます。枝の密生した成木では、春に施肥をすると太くてごつい枝になるので、新梢の伸びが止まってから行うなど、樹の成長の様子を見て、培養目的に合わせて与えることが大切です。

肥料の与え方

盆栽は鉢も小さく、用土が盛り上がっていることも多いので、塊状や粒状の固形肥料は水やりのときなどに転げ落ちてしまうことも多くあります。大きめの玉肥などは、針金などで固定して落ちないようにしておきましょう。小さな粒状の肥料は、専用の網が市販されているので、それに入れて与えます。

肥料の種類にもよりますが、固形肥料の多くは1カ月ほどで効きめがなくなります。与えてから1カ月すぎたら取り除き、必要なら新しい肥料と交換します。

● 肥料の三要素

肥料の中でも三要素といわれる窒素、リン酸、カリは、植物にとって特に重要なものです。窒素（略記号N）は、葉肥ともいわれ、不足すると生育が遅れ、葉が淡緑になります。逆に多すぎると葉ばかり茂り、花つきが悪くなります。リン酸（P）は花肥、実肥といわれ、不足すると花つきが悪くなります。花ものや実ものには欠かせません。カリ（K）は、根肥ともいわれ、根の生育を助けます。ほかにも鉄や硫黄、マグネシウムなど多くの要素が必要ですが、これらは微量でよく、しかも用土に含まれています。

大きめの玉肥などは針金で固定する。

小さな粒状の肥料は専用の網に入れる。

病気、害虫の防除

病害虫は、発生したら他の盆栽に広まらないように、すぐに対処することが
大切です。明日にでも、と思っているうちに、被害を大きくしてしまいます。
発生が予想される場合は、予防することも有効です。

薬剤散布で予防する

　病害虫は発生してからでは手後れという気持ちで、日ご
ろの予防を心がけます。春から秋の生育期間は、樹種によ
り、1〜2回薬剤を散布します。冬の休眠期の石灰硫黄合
剤の散布も効果的です。

　家庭園芸用の薬剤は、殺虫剤と殺菌剤に大別されます。
殺虫剤には、害虫に直接かけることで駆除する接触性のも
のや、薬剤の成分を根から吸収させて、食害した害虫を駆
除する浸透移行性のものなどがあります。薬剤を用いると
きは、被害の原因をよく調べ、適切なものを選ぶようにし
ます。予防散布などでは、殺虫剤、殺菌剤を混用して病害
虫を同時に防除できるものもあります。購入するときはパ
ッケージの説明書をよく検討して求めてください。

●薬剤散布時の注意

　薬剤を散布する前に、ペットや大切な観賞鉢な
どに薬剤がかからないように、あらかじめ処置し
ておきます。薬剤散布はできるだけ風のない涼し
い朝夕に行います。気温の高い日中に行うと薬害
を起こすことがあります。また、風上から風下に
向かって散布し、自分にかからないように気をつ
けます。薬剤は葉裏やふところ部分など、樹全体
にまんべんなく行き渡るように散布します。駆除
の目的で散布するときは、一部でも薬が行き届か
ないところがあれば、そこからまた増殖します。1
回だけで安心しないで、4〜5日後にもう一度追
いかけて散布するようにします。

●うどんこ病に注意

　樹木をはじめ、野菜や花などの葉や茎に、小麦粉をまぶしたような白い
カビが生えます。これはうどんこ病菌の菌糸と胞子です。樹の新芽や若葉
に発生すると、養分が吸収されて葉がねじれ、茎が曲がったりして衰弱す
るとともに、観賞価値が損なわれます。盆栽樹ではモミジ、カエデ、カシ類、
バラ、サルスベリ、サクラ類などに多く発生します。どの樹種も同じ病原
菌が被害を及ぼすわけではありませんが、複数の樹種に寄生するものもあ
ります。

　この菌は比較的低い湿度と日当たりの悪い環境を好みます。普通、春と
秋の涼しい季節に被害が多くなるので、鉢を日当たりのよい場所に移動し、
適湿を保つような水管理を行って発生を防ぎましょう。胞子は風で運ばれ
て伝染するので、病気にかかった葉や枝は早めに切り取って処分しましょう。
うどんこ病は特効薬もあるので、必要に応じて散布するとよいでしょう。

うどんこ病にかかったカエデの葉。ほかに伝
染しないよう、切り取って処分する。

マツツマアカシンムシ

生育環境を整える

　薬剤散布とともに、培養管理も重要です。置き場所の風通しが悪ければ、病気や害虫が発生しやすくなります。また、樹勢が弱っていれば病害虫に侵されやすくなります。置き場所や植えかえ、整枝、水やり、施肥など、常に適切な培養管理を心がけます。

マツツマアカシンムシに食害されたクロマツの新芽。

注意したい病気と害虫

病気	症状	侵されやすい樹種	対策
赤星病	葉に褐色の病斑が出る	ボケ、カリンなど	薬剤散布
斑点性病害	葉や果実に黒褐色や灰色の斑点が出る	多くの樹種	薬剤散布
うどんこ病	葉に白粉がついたようになる	多くの樹種	薬剤散布
すす病	葉や枝、幹が黒く汚れる	特にウメやカイドウ	薬剤散布、アブラムシの駆除
ペスタロチア葉枯病	葉に黄褐色の斑点が出る	マツの仲間	薬剤散布

害虫	症状	侵されやすい樹種	対策
アブラムシ	新梢や新葉に寄生	特にウメやカイドウ	薬剤散布、水流で洗い流す
マツツマアカシンムシ	新梢に食入する	マツ	捕殺
ツツジグンバイ	葉が白く脱色したようになる	ツツジ類	薬剤散布
カイガラムシ	幹や枝に小さな貝殻状のものがつく	多くの樹種	こすり落とす、薬剤散布
ケムシ類	葉や花を食害する	多くの樹種	捕殺、薬剤散布

● 芽摘みや芽切り、葉刈りで枝数をふやし、小さな葉を出させましょう

芽摘み、芽切り、葉刈りなど

盆栽は元気に育っていればよいというものではありません。ほうっておくと枝葉がどんどん伸びて、樹が大きくなってしまいます。小さな苗木の時期を除いて、大きくしないことも盆栽の手入れの目的のひとつ。芽摘みや芽切り、葉刈りなどは、大きくしないためのテクニックです。細かい枝をふやし、葉を小さくして美しい樹形を保つためにも、ぜひ覚えておきたい、盆栽特有の手入れです。

芽摘み

モミジやカエデなどでは、春に出る新梢が長く伸びて樹形を乱し、葉も大きくなります。これを摘芯して脇芽を出させる作業が「芽摘み」です。ほとんどの樹種は葉腋に芽（脇芽）をもっていて、枝先を切るとそれが伸び、節間が詰まった小枝の多い、よくまとまった盆栽になります。

春に新芽が伸び始め、葉が2～3枚出たらその先を手で摘み取るか、ハサミで切り取ります。芽摘み後に脇芽が伸びてきたら、それも同様に摘芯します。樹種によっては春から秋まで新芽を出すので、そのつど芽摘みを行うこともありますが、秋遅くに芽摘みを行うと、新しい芽が充実する前に寒さが来て枝枯れを起こすこともあるので、10月に入ったら芽摘みを行わないのが普通です。

芽摘みのやり方は樹種によって異なるので、73ページか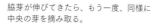らの「樹種別・盆栽の手入れ」の項を参考にしてください。

芽切りと葉刈り

クロマツやアカマツの「短葉法」が芽切りです。クロマツやアカマツは普通に育てていると葉が長くなり、盆栽には向きません。そこで、葉を短くするために考えられたのが芽切りです。春に出た芽を切り取ると、切り口から二番芽が伸びてきます。二番芽は勢いが弱く、葉も小さくなります。

モミジやカエデなどの雑木で、葉を小さくするために行うのが葉刈りで、クロマツやアカマツの「芽切り」に相当する作業です。春先に出た葉（葉身）を葉柄から摘み取ると、葉腋から新しい葉が出てきます。新しい葉はあまり大きくならないので、盆栽に適しています。また、芽切りをした枝はあまり太らなくなるので、樹形を保つためにも有効と

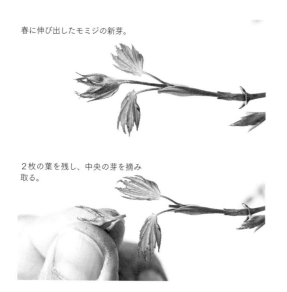

春に伸び出したモミジの新芽。

2枚の葉を残し、中央の芽を摘み取る。

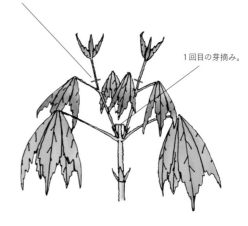

脇芽が伸びてきたら、もう一度、同様に中央の芽を摘み取る。

1回目の芽摘み。

モミジの葉刈り

新葉が固まったころのモミジ。（6月）

ほとんどの葉を摘み取る。弱い部分の葉は少し残しておいてもよい。

いえます。

　モミジやカエデは葉を葉柄から切り取りますが、ケヤキやコナラなどは、葉を少し残してハサミで切ります。そのため「葉切り」と呼ばれることもありますが、目的は同じです。芽切りや葉刈り（葉切り）は樹への負担が大きいので、調子の悪い樹や、大きくしたい苗木、伸ばしたい枝などには行わないようにします。

柄から切り取り、葉の数を減らして日当たりと風通しをよくします。大きな葉から順に切り取りましょう。成長期には随時行いましょう。

　クロマツやアカマツでは、休眠期に入る前の11月に、枯れ葉や前年に出た葉をハサミで切り取って、日当たり、風通しをよくして冬を迎えます。ゴヨウマツなどではピンセットなどで抜き取ります。（97ページ参照）

葉透かし

　葉が茂りすぎたときに、日当たり、風通しをよくするために葉を切り取るのが葉透かしです。内部の枝が見えないほど葉が茂ってくると、樹冠内部の葉に日が当たらなくなり、成長が阻害されます。また、風通しが悪くなることにより、病気や害虫も発生しやすくなります。混んだ部分の葉を葉

伸びてきた新芽を根元から切り取る。

クロマツの芽切り

新芽の伸びてきたクロマツ。（6月）

すべての新芽を切り取ったところ。やがて二番芽が出てくる。

29

●不要な枝を切り取って樹形を整えましょう

剪定

枝を切ることを剪定と呼びます。樹形を整えるために長い枝を切る、日当たりや風通しをよくするために不要な枝を切る、分枝を促すために枝先を切るなど、いろいろな目的で剪定は行われます。むやみに枝を切るのではなく、目的をはっきりさせて適切な剪定をすることが大切です。

剪定の道具

・剪定バサミ
枝や葉を切るためのハサミ。細枝用のものから太枝用のものまでいくつかの種類がありますが、大小2種類くらいもっていると便利です。先がとがっているものが使いやすいでしょう。

・叉枝切り
ハサミでは切れない太い枝や根を切ります。枝元から、切り跡を残さずきれいに切ることができます。

・切り出しナイフ
ハサミで切った跡をきれいに整えるために使います。

剪定の時期

伸び始めた新芽を摘芯したり、徒長した枝を切り詰めたり、日当たりや風通しをよくするために枝を間引いたりする剪定はいつ行ってもかまいませんが、樹形を整えるために行う剪定や、改作のために太い枝を切るなどの剪定は、適期に行うことが大切です。細い枝はいつ切っても大丈夫ですが、太い枝を間違った時期に切ると、枯れ込んできたりすることもあります。

一般に、落葉樹は冬の落葉期、常緑樹は春と秋が剪定の適期とされていますが、樹種によっても違いますので、詳しくは73ページからの「樹種別・盆栽の手入れ」のページを参照してください。

枝の切り方

枝を切った跡はていねいに処理をしておくと、傷が小さくなります。太い枝を切ったときは特に注意しましょう。

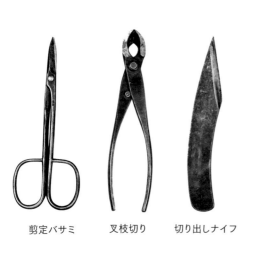

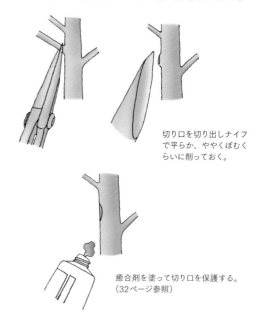

切り口を切り出しナイフで平らか、ややくぼむくらいに削っておく。

癒合剤を塗って切り口を保護する。（32ページ参照）

剪定バサミ　　叉枝切り　　切り出しナイフ

忌み枝

　必要な枝とそうでない枝は、なかなか見極めがつかない
ものですが、わからないときは混んでいる部分の「忌み枝」
を切って様子を見てみましょう。忌み枝には、1カ所から何
本も出ている「車枝」、幹の左右に出ている「門枝」、樹の内
側に向かって伸びる「逆枝（さかさえだ）」、まっすぐ上に伸び
る「立ち枝」などがあります。いずれも将来、樹形を乱す恐
れのある枝なので、早めに切ったほうがよいでしょう。

　忌み枝ではなくても、好みの樹形にするためには不要な
枝があります。どの枝を切り、どの枝を残すのかは個人の
感性しだい。多くのよい盆栽を見て、感性を磨いてください。

門枝（かんぬきえだ）
幹の同じ場所から左右に出ている枝。
どちらか一方を切る。

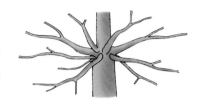

車枝（くるまえだ）
1カ所から何本も放
射状に出ている枝。
1〜2本を残して根
元から切り取る。

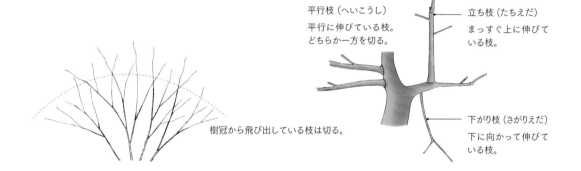

平行枝（へいこうし）
平行に伸びている枝。
どちらか一方を切る。

立ち枝（たちえだ）
まっすぐ上に伸びて
いる枝。

下がり枝（さがりえだ）
下に向かって伸びて
いる枝。

樹冠から飛び出している枝は切る。

●幹を太らせる犠牲枝

　樹形のうえでは不要でも、樹を太らせるためにしばらく残しておく
枝を「犠牲枝」と呼びます。残した枝より下の部分が太ります。犠牲
枝が強すぎるとほかの枝が枯れることがあるので、先端以外の芽は
摘んでおきます。

　幹がある程度太くなったら、犠牲枝は元から切り取って、切り口に
癒合剤を塗っておきます。切り口が傷になることもあるので、犠牲枝
は正面から見えないところにある枝を使うのがポイントです。目立つ
位置にある犠牲枝は、あまり太くならないうちに切りましょう。

犠牲枝

成木の剪定（カエデ）

　美しい盆栽も1〜2年ほうっておくと、枝が長く伸び、枝数もふえてみっともない姿になってしまいます。定期的に剪定をして、樹形を維持しましょう。伸びすぎた枝を切り詰めたり、ふえすぎた枝を間引いたりする剪定が中心になります。

この後、芽摘みを繰り返してコンパクトな樹形を保つ。

長く伸びた枝を根元から切る。

太い枝（幹）の切り方

幹の途中で切って小さく仕立て直す（改作）。

このイラストのようなイメージに。

癒合剤

太い枝、幹などはノコギリで切る。

切り口には癒合剤を塗って保護する。

若木の剪定（ツバキ）

　若木の剪定は樹形づくりのために行います。枝先を切ったりして多くの枝を出させ、その中から必要な枝、不要な枝を見極め、適切に剪定することで目的の樹形に近づけていきます。要、不要がわからない枝は慌てて切らず、とりあえず残しておきましょう。不要な枝でもすぐには切らず、樹を太らせるために残しておくこともあります（犠牲枝）。

幹が長く伸びたツバキの苗木。盆栽にするには大きすぎるので主幹を切り詰める。

又枝切りを使って、低い位置にある小枝の上で切る。

小枝に針金をかけて樹形を整える。

枝の切り方

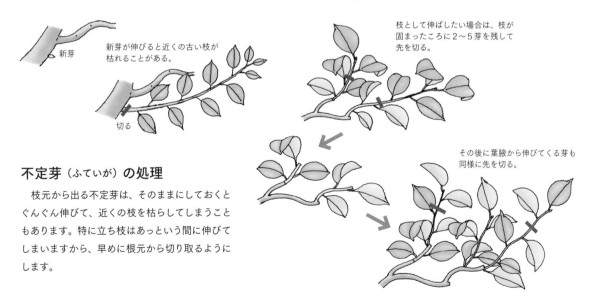

新芽

新芽が伸びると近くの古い枝が枯れることがある。

切る

枝として伸ばしたい場合は、枝が固まったころに2〜5芽を残して先を切る。

その後に葉腋から伸びてくる芽も同様に先を切る。

不定芽（ふていが）の処理

　枝元から出る不定芽は、そのままにしておくとぐんぐん伸びて、近くの枝を枯らしてしまうこともあります。特に立ち枝はあっという間に伸びてしまいますから、早めに根元から切り取るようにします。

不要枝の剪定（ゴヨウマツ）

この枝を切る

枝先が3本に分かれているので、中央を切り取る。

1本を切り取ってすっきりさせた。

小さな枝が多くて重い感じがする。

枝は2叉にするのが基本。2本の枝を切り取って軽くさせた。葉も切り取ってすっきりと。

左の枝は長く伸びすぎている。右の枝は三つ又に分かれている。それぞれ切り取ってすっきりさせる。

剪定後。枝が減って風通しもよくなった。

●枝や幹を好みの形に曲げるための作業です

針金かけ

枝に針金を巻いて曲げることを「針金をかける」といいます。針金かけは、目指す樹形に近づけるために幹や枝の姿を変えていく作業です。曲げたい部分に針金をらせん状に巻き、枝を曲げて、針金の力でそのままの形に固定します。やがて枝もその形に固定されます。はじめのうちは難しいかもしれませんが、慣れてくると枝を自由に曲げることができるようになります。

針金かけの時期

　針金かけは一年中行えますが、一般的に、松柏類は10～12月と3月が適期です。雑木類も葉のない休眠期のほうが作業はしやすいのですが、新芽を傷めてしまうことも多いので、初心者は新芽が伸びて固まる梅雨時ごろに行うのがおすすめです。

針金の種類

　針金は銅線、またはアルミ線を使います。アルミ線はやわらかく初心者向きです。銅線はかたく扱いが難しいのですが、ききがよいので松柏類などのような枝がかたく弾力がある種類には向いています。針金は太さもいろいろなものがあるので、曲げる枝の太さやかたさに合わせて適切なものを選びます。10番（径3.2㎜）から24番（径0.5㎜）くらいのものを3～4種類用意しておくとよいでしょう。

針金は45度が基本

　針金は、幹や枝に対して45度にかけるのが基本。細かく巻いても、かえってききが悪くなります。

弱った樹は針金かけを控える

　樹種や枝の太さ、樹齢などにもよりますが、枝を曲げることは樹にとっては負担になります。外見は何ともなくとも、内部の組織が傷んでしまうことも考えられます。弱った樹や植えかえで根をたくさん切った樹などは、針金かけによるきつい曲づけは避けましょう。

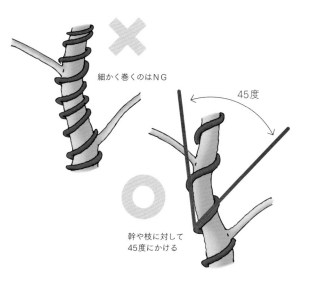

細かく巻くのはNG

45度

幹や枝に対して45度にかける

各種の針金

◉枝が折れてしまったら?

　枝が折れたり裂けたりした場合も、あきらめることはありません。樹皮が半分以上つながっていれば助かる場合も多いので、元に戻し、傷口に癒合剤を塗って保護しておきましょう。

幹に曲をつける

まっすぐ伸びたツバキの苗木に針金をかけて曲げ、盆栽らしい姿に整えます。

1 針金をかける枝（幹）の1.5倍くらいの長さの針金を用意する。針金の太さはかける枝の太さの1／3〜1／2くらいのものがよい。

2 針金と幹の基部をしっかり持って、幹に針金を巻いていく。若木は太りが早いので、あまりきつく巻かないようにする。

3 針金の角度は45度が標準。

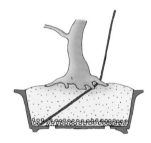

針金は、基部を土に差し込んで固定する。

針金のある部分が「背」になるように曲げる。逆に曲げると折れやすい。

4 針金を巻き終わったところ。好きな形に幹を曲げる。

5 化粧鉢に植えれば飾って楽しめる。

小さな苗は針金をかけてから植える

実生や挿し木でつくった小さな苗は、鉢から抜いて針金をかけ、曲をつけてから植え直す。

針金かけ の例 2

枝の向きを変える

ゴヨウマツの小盆栽の立ち上がった枝を下げて、樹形を整えます。

1 ゴヨウマツの小盆栽（高さ12cmほど）。それぞれの枝に針金をかけて整枝する。

2 まず右の枝にひと巻きして針金を固定し、左の枝に針金を巻く。

針金を固定するためには、1本の針金を2本の枝にかけるのが基本。

3 右の枝にも針金をかける。

4 ほかの枝にも針金をかけ、枝を注意深く曲げる。上を向いた枝を寝かすように曲げると形がよくなる。

芽起こし

枝先は少し上を向けておくとよい。これを「芽起こし」という。

針金かけと整枝の終わったゴヨウマツ。

針金で引っ張る

　針金がきかないような太い枝や、長い枝などは、針金で引っ張って固定します。強い力がかかるところは針金がくい込みやすいので、ゴムなどを巻いて保護しておきます。

針金で枝を下げる。

力がかかるところにはゴムなどを当てて枝を守る。

針金はかけたままにしておかない

　針金をかけたままにしておくと、枝が太って針金が樹にくい込んでしまいます。そうなる前に針金をはずし、必要なら新しい針金をかけ直します。樹の太る早さは樹種や樹齢によって異なりますが、1年以上も針金をかけたままにしておかないようにします。針金をはずすときは、枝を傷めないよう、針金切りで短く切ってから取りはずします。

1 針金をかけて1年ほどたったクロマツ。

4 太い針金をはずしたところ。この後、細い針金もはずす。

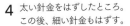

2 枝が太り、針金がくい込み始めている。こうなる前に針金をはずしたい。

3 枝を折らないように注意して針金をはずす。はずしにくいところは針金を切る。

5 針金がくい込んでしまったところ。2～3年すれば傷はふさがるが、できればこうなる前に針金をはずしたい。必要なら新しい針金をかける。

植えかえ

小さな鉢の少ない用土で育っている盆栽は、植えかえをしないと根詰まりを起こして枯れてしまいます。成長の早い苗木や若木なら毎年、成長がゆっくりの成木でも2〜3年に一度は、新しい用土で植えかえをしましょう。また、買ってきた素材や若木は、どんな土に植えてあるかわかりませんし、根の状態を確認するためにも、適期が来たら必ず植えかえをすることをおすすめします。

植えかえの手順

駄温鉢の養生鉢に植えられたカエデの小品盆栽を、化粧鉢に植えかえます。鉢の大きさは、樹に対して「ちょっと小さいかな？」と思うくらいがよいでしょう。

植えかえの時期

樹種によっても異なりますが、多くの樹では春（3〜4月）か秋（9〜10月）が適期です。

必要な用具

上段左から、用土（小粒と中粒）と土入れ、下段左から、鉢底に敷く網、土を落とす箸やピックなど、ハサミ、やっとこ、針金（アルミ線）。

用土

硬質の赤玉土か、赤玉土に鹿沼土や桐生砂などを2〜3割混ぜたものが一般的です。

① 植えかえる樹の根を整理する

1 植えかえる株を鉢から抜く。針金で固定してある場合は、針金を切ってから抜き取る。

2 小さな化粧鉢に植えるため、根鉢の下半分をハサミで切り取る。

3 ハサミで放射状に何カ所か切り込みを入れる。

4 箸やピックなどで根をほぐし、土を落とす。

5 長い根を切り取る。

6 下に伸びている太い根（走り根）を、根切りで切り取る。

7 水につけて土をきれいに落とす。

② 株を植えつける

1 植えつける鉢に入るように根を整理する。このとき、株の向きや傾き、植える高さなどを決める。いままでと同じでなくてもよいので、これからどういう樹形にしたいかを考えて株の位置を決める。

2 固定用の針金を取りつけた鉢に、用土を半分ほど入れる。

3 植えつける樹をのせて針金で軽く固定する。

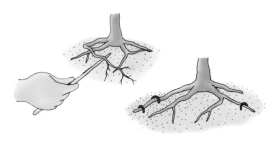

美しい根張りをつくるための 根の整理

　絡んだ根や交差した根はていねいにほどき、形を整えて針金で押さえておくと、美しい根張りがつくれます。

鉢底網の固定の仕方

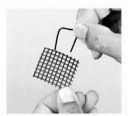

鉢底網にコの字形に曲げた針金をさす。

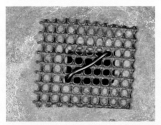

鉢の内側に網を取りつけ、針金を曲げて固定する。

株を固定する針金の取りつけ方

太い針金に細い針金の中央を巻きつける。

鉢底の穴から針金を通す。

鉢底に複数の穴がある鉢は、そこに針金を通せばよい。

4 用土を加え、箸などで根の下や隙間にも用土を突き込む。

5 木の向きや傾きに注意して、針金で樹を固定する。植えつけ後に株が動かないようにしておくことが大切。株が動くと、根づかずに枯れてしまうこともある。

6 水につけて水を吸わせる。

こけの代わりに水ごけを張ってもよい。こけはそのまま張っておいてもよいが、水ごけは用土が落ち着いたら取り除く。

水ごけを張る場合

③こけを張る

　用土が流れないよう、表面にこけを張って植えつけ終了。同時に剪定もしておく。この後1週間くらいは半日陰で管理する。

1 乾燥した水ごけをふるいにこすりつけ、細かい水ごけを下に落とす。

2 細かくなった水ごけ。

3 下に落ちた水ごけ粉に水を含ませる。

4 水を吸った水ごけ粉をピンセットなどで用土の上に張りつける。

盆栽鉢の選び方

小さな鉢で締めてつくる

　素材や若木を育てるための鉢を「養生鉢」「仕立て鉢」などと呼びます。素焼きの「駄温鉢」を使うのが一般的ですが、問題になるのは鉢の大きさです。早く大きくしたい苗木や、元気にしたい弱った樹などは、大きめの鉢に植えて伸び伸びと育てますが、大きな鉢で育てていると、樹がいつまでも若いままで古さが出ません。根も太くなって大切な株元の細根が少なくなり、枝も上へ上へと伸びるので下枝もなくなってしまいます。苗木はある程度大きくなり、弱った樹も元気を回復したら、小さな鉢に植えかえてやりましょう。小さな鉢で締めてつくると、根元が太り、根も細い根が多くなり、樹全体に古さが出て、盆栽として見ごたえのある

樹に育っていきます。鉢を選ぶとき、最初はどうしても大きな鉢を選びがちですが、ちょうどいいかな、と思った鉢よりも一回り小さい鉢を選んだほうがいい場合が多いようです。

好みの化粧鉢を選ぶ

　「化粧鉢」には丸いもの、四角いもの、深いもの、皿のように浅いもの、不規則にゆがんだものなど、いろいろな形のものがあります。色、素材などもさまざまです。どんな樹はどんな鉢に、というルールはありませんが、一般に、マツやシンパクなどの松柏盆栽は紫泥や朱泥、焼き締めなどの落ち着いた鉢、花ものや実ものなどはカラフルで華やかな鉢がよいといわれます。

ぴったりなのはどれ？

右上の長寿梅を植えるために、5つの鉢を用意しました。どの鉢がいちばん合うでしょうか？

A：青い角鉢
色は白のほうが長寿梅の緑の葉と赤い花が映えます。また、この樹にはやや深すぎるようです。

B：灰色の木瓜鉢
色が重い感じです。

C：白い楕円浅鉢
色、形はよいのですが、大きすぎます。

E：白い深鉢
立ち上がる樹形の樹には浅い鉢がおすすめ。深鉢は合いません。この鉢もこの樹には深すぎます。

→選ばれたのはDの白い浅鉢。前面の絵も軽やかな感じです。

・名鉢コレクション・

古渡南京六角鉢 径13cm
関野 正 蔵

古渡南京六角鉢 径11.5cm
関野 正 蔵

古伊万里六角鉢 径4cm
関野 正 蔵

古伊万里正方鉢 左右3cm
関野 正 蔵

東福寺正方鉢 左右9cm
関野 正 蔵

黄交趾丸鉢 径8cm
関野 正 蔵

伊万里丸鉢 径10.5cm
関野 正 蔵

梨皮泥長方鉢 左右10cm
関野 正 蔵

尚古堂紫泥長方鉢 左右9.5cm
関野 正 蔵

陶元朱泥丸鉢 径14.5cm
和田博昌氏 蔵

町直 径3.5cm
関野 正 蔵

鉄画軒朱泥長方鉢 左右11cm
和田博昌氏 蔵

竹本蕎麦釉長方鉢 左右9.5cm
関野 正 蔵

釜形鉢 径8cm 小松泉
片岡貞光氏 作

灰釉丸鉢 径7cm 陶滋
伊奈伸滋氏 作

灰釉変形鉢 径6.5cm 陶滋
伊奈伸滋氏 作

春松楕円水盤 左右21.5cm
太田陽一氏 蔵

紫泥長方鉢 左右9.5cm 小松泉
片岡貞光氏 作

織部染付丸鉢 径11cm
森山秀康氏 作

自作の鉢で盆栽を楽しむ

最近は各地で陶芸教室なども開かれており、自分で鉢をつくることも可能になってきました。自分でつくった鉢に盆栽を植えればますます愛着も増すというもの。ここでは「関野盆栽塾」の一環として開催された愛知県常滑市での鉢づくり教室で制作した鉢に自慢の盆栽を植えた塾生の作品を紹介します。

黒松 高さ6cm、幅9cm。加藤洋子氏 蔵

黒松 高さ7cm、幅6cm。小島三枝子氏 蔵

小楢 高さ11cm、幅12cm。石井靖子氏 蔵

楓 高さ8cm、幅7cm。松井 孝 蔵

楓 高さ8cm、幅11cm。深澤芙美子氏 蔵

＊「関野盆栽塾」は本書をご指導いただいた盆栽家・関野正氏により不定期に開かれている盆栽教室です。
塾生の作品を紹介します（鉢は自作ではありません）。

黒松 高さ12cm、幅13cm。
真壁省治氏 蔵

楓 高さ7cm、幅10cm。
冨岡義秀氏 蔵

黒松 高さ7cm、幅12cm。
岡留啓介氏 蔵

小楢 高さ18cm、幅18cm。
福田美弥氏 蔵

盆栽の楽しみ方

盆栽を枯らさずに育てられるようになったら、樹形づくりを始めましょう。芽摘みや葉刈り、剪定や針金かけといった作業を通じて、美しい盆栽を仕立てていきます。盆栽づくりの神髄を楽しみましょう。

タネまきから楽しむ盆栽づくり

盆栽を始めるには苗木などを購入するのが普通ですが、自分でタネをまいて苗木を育てることもできます。芽を出したばかりの実生苗もかわいいものですし、寄せ植えなどにすれば2年目からでも盆栽として楽しめます。針金かけなどで、好みの樹形づくりができるのも、実生の楽しみのひとつ。公園で拾ってきた松ぼっくりやどんぐりからでも盆栽が育てられるので、ぜひチャレンジしてみてください。

タネまきの基礎

　盆栽のタネまきも、野菜や草花のタネまきと基本的には同じです。小粒の用土にまいて薄く土をかけておきます。発芽するまでは乾燥させないように注意。受け皿などに1cmくらい水をためて、その中に鉢を入れておくのがおすすめです。発芽するまでは、肥料は一切不要です。カイドウのような果肉の中にあるタネは、果肉を取り除いてからまきましょう。実生はとりまき(とったらすぐにまく)が基本で、

秋に実ったタネは秋にまきますが、春を待ってからまいてもよいでしょう。

タネの入手

　盆栽園などでも売られているので、そこで入手するのが一般的ですが、マツやケヤキ、コナラなどは公園などで拾ってくることもできます。国立公園など、種子の採取が禁止されているところもあるので注意しましょう。

モミジの実生苗を9本植えた寄せ植え。1〜2年目からいろいろ楽しむことができる。

タネのまき方

　マツやモミジなどの多くの樹種は、実生で容易に苗木をつくることができます。タネまきの適期は春なので、入手したタネは冷蔵庫などで保管しておきましょう。ここではゴヨウマツのタネをまきましたが、その他の樹種のタネもほぼ同様の方法でまいてふやすことができます。

1 タネと、まき床に使う鉢、用土（赤玉土の小粒など）を用意する。用土は肥料分のない清潔なものを使う。

2 ゴヨウマツのタネ。タネは市販もされている。タネまきの適期は春か秋なので、入手したタネは冷蔵庫などで保管しておく。

3 鉢に用土を入れ、水をかけて湿らせておき、タネをまく。タネとタネの間隔は1〜2cmほど。

4 タネの上に用土をかける（覆土する）。タネの大きさの3倍くらいの厚さに土がかかるようにするのが標準。覆土したら日陰で乾かさないように注意して発芽を待つ。発芽までに1〜2カ月かかる。

5 タネまきから1年後のクロマツ。小さな鉢に2〜3本ずつ植えかえる。

◉軸切り挿し芽　＊根張りのよい樹をつくるためには、発芽したらすぐに「軸切り挿し芽」をします。

本葉が出てきたころに抜き取り、双葉の下1cmくらいのところで切る。

切る

小粒の赤玉土などの清潔な用土に挿し、乾かさないように管理する。

翌年の早春に掘り上げて植えかえる。立ち上がりの短い苗ができる。

根は短く切っておく。

モミジのタネまき

　モミジやカエデなども、タネまきから手軽に楽しむことができます。タネは秋にとりまきするか、冷蔵庫などで保管して春になってからまきます。発芽した小さな苗木を早春に掘り上げて寄せ植えにすれば、すぐに小さな盆栽が楽しめます。より本格的に楽しむには、針金をかけて曲をつけたり、軸切り挿し芽（49ページ参照）をしたりして仕立てていきます。

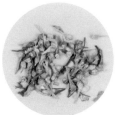

モミジのタネ。もともとは左のように翼がついていて、風で飛ばされるようになっている。まくときは翼を取り除くとよい。

1 タネと用土、上にかける土を用意する（いずれも赤玉土小粒など）。

2 タネが重ならないように注意してまく。

3 タネの上に5mmほどのるように土をかぶせる。

4 土をかけたら静かに水やりをし、日陰に置いて乾かさないように注意して管理する。

実生1〜2年生の苗木を数本寄せ植えにしたモミジ。

コナラの実生の 文人木づくり

細い茎の先に葉をつけた文人木は、実生から比較的早くに形をつくることができます。幹の曲のつけ方は自由。針金かけも気軽に楽しみましょう。タネは盆栽園などで入手できます。公園などで拾ってきてもよいのですが、ドングリ＝コナラとは限らないので注意しましょう。水につけて沈んだものだけをまきます。

1 タネを鉢に、横向きに並べる。芽は先（とがったほう）から出る。

2 1cmほど土をかける。

3 ラベルを立てて、乾燥させないように管理する。タネまきは秋がよいが、芽が出るのは翌春になる。

4 実生1年目のコナラ。

5 実生3年目のコナラ。幹を1本長く伸ばし、針金をかけて曲をつけた。

6 実生8年目のコナラ。小型の文人木として十分楽しめる。

51

実生でつくるマツのミニ盆栽

タネから育てた苗木を実生（みしょう）とよびます。また実生繁殖は種子繁殖の意味で使われます。クロマツのタネをまいてミニ盆栽をつくりましょう。見ごたえのある盆栽にするには10年ほどかかりますが、樹づくりの過程もおもしろいもの。慌てず、じっくりと楽しみましょう。

1 実生1年目のクロマツ。秋にタネをまけば春には発芽し、初夏にはこのくらいまで育つ。

2 実生2年目のクロマツ。よく日に当て、水や肥料もたっぷり与えて大きく育てる。まだ植えかえは不要。

3 実生3年目のクロマツ。そろそろ植えかえが必要。1株ずつに植えかえる。

◉葉性のよい苗木を選びましょう

実生繁殖をするといろいろな性質の幼苗が生えてきます。3年もするとそれぞれの特徴がわかってきますから、良質なものを選んで盆栽に仕立てましょう。一般に、枝が多く小さな葉が密についているものが盆栽に向いています。

4 3年目の実生苗を抜いたところ。針金をかけて曲をつける。針金は茎の長さの1.5倍くらいに切っておく。

5 茎に対してほぼ45度になるように針金を巻きつける。

6 苗に曲をつける（茎を曲げる）。根元をしっかり曲げておくことがよい樹をつくるポイント。

7 曲をつけた苗を植えつける。苗が動かないように、針金で固定しておく。このあと数年は、毎年植えかえる。

8 植えつけて2年目（実生5年目）。芽切りなどは行わずに幹を太らせるとよい。

9 植えつけて4年目（実生7年目）。植えかえ時に根を露出させると味わいが出る。

10 実生10年目くらいの樹。小さな化粧鉢に植えて観賞しよう。

●同じ性質の樹が簡単にふやせます

挿し木で苗木づくり

苗木をつくる方法で、実生とともにおすすめなのが挿し木です。樹種によって発根しやすいものと発根しにくいものがあるので、まずは試してみましょう。ある程度曲のついた枝を挿せば、早く盆栽に仕立てることができます。

親と同じ性質の樹がふやせる

挿し木の利点は親と同じ性質の樹を数多くふやせることです。盆栽にする樹の性質は、同じ種類でもそれぞれの樹によって差があります。枝が細かく、葉も小さいものが多く出て、全体に矮性のものは「八房性」と呼ばれ、盆栽に向いていますが、そのような樹をふやすには挿し木を行うとよいでしょう。花つき、実つきのよい樹や、花がきれいな樹なども、挿し木でふやすのがおすすめです。

新梢挿しと熟枝挿し

挿し木には、前年枝以前の古枝を春に挿す「熟枝挿し(春挿し)」と、その年に出た新しい枝を5月以降に挿す「新梢挿し(緑枝挿し)」とがあります。熟枝挿しは芽の動きだす前の2～3月に行います。曲がった枝や枝分かれした枝などを使えば、早く盆栽に仕立てることができます。新梢挿しは5～6月が適期ですが、9月まで行えます。比較的発根もよく、多くの樹種で行える方法です。

挿し木後の管理

新しい芽が伸びてくるまでは半日陰に置き、乾かさないように注意して管理します。芽が動き始めるまでは、肥料は一切不要です。芽が動きだしたら、根が伸び始めている証拠。日当たりのよいところに移して管理します。

挿し木をした鉢をビニール袋などで覆って育てる方法を「密閉挿し」と呼びます。挿し穂の水分の蒸散が抑えられ、活着がよくなります。密閉挿しをしたものは、芽が動きだしたらビニール袋などを取り除きます。伸びてきた枝はそのまま伸ばし、翌春に植えかえするときに切り詰めて形を整えます。

馬酔木 (アセビ)
高さ8cm、幅9cm。森山秀康氏 蔵

モミジの挿し木

　剪定などで切り取った枝先は挿し木に利用できます。適期は剪定と同じ、芽出し前の2〜3月（熟枝挿し・春挿し）か、葉刈り後の5〜6月（新梢挿し・緑枝挿し）です。枝分かれした部分を使えば、短期間で変化のある樹に仕立てられます。

1 冬の剪定で切り取ったモミジの枝先。初夏の剪定時に切り取った挿し穂は、先端の2枚を残し、下葉は切り取っておく。

2 挿し穂の基部をナイフなどで切り戻し、赤玉土小粒などの挿し床に挿す。

3 挿し床はバケツなどの水につけておく。

4 挿し床を水から引き上げると、水が抜けて土が締まり、挿し穂が固定される。発根して芽が動きだすまでは日陰で乾燥させないように注意して管理する。

挿し木で仕立てた鎌柄（カマツカ）
高さ14cm、幅20cm。
松井 孝 蔵

シンパクの挿し木（新梢挿し）

　シンパクは発根しやすく、挿し木にはおすすめの樹種。春に伸びた新芽を挿す
新梢挿しがおすすめです。発根したら針金をかけて曲をつけ、味のある文人木に
仕立てましょう。

1 5〜6月に、勢いよく伸びている新梢を長さ5cmくらいに切り取って、挿し穂とする。

2 切り取った挿し穂。下葉を切り取ることもあるが、シンパクなどは下葉を残しておいたほうが挿したあとに動きにくくなるので、このままにする。切ったらすぐに挿すのが基本だが、時間がかかるときは水につけておく。

3 清潔な用土（鹿沼土など）を鉢に入れ、洗面器などに入れて下から水を吸わせ、水面が用土の表面と同じになるように水の量を調節する。挿し穂は、根元をピンセットでつまんで用土に挿す。挿す深さは挿し穂の1／3が用土に埋まるくらい。

4 およそ3cm間隔くらいに挿し穂を挿す。挿し終わったら、鉢を洗面器の水からそっと引き上げる。このとき、鉢底から水が抜ける力で用土が締まり、挿し穂が固定される。

5 冬の状態。初夏に挿した枝は1〜2カ月で発根し、冬までには倍くらいに成長する。そのままもう1年くらい育ててもよいが、早めに曲をつけて植えかえるのがおすすめ。

6 幹に針金をかけて曲をつけ、小さな鉢に植えかえる。株元にしっかり曲をつけておくことがポイント。

7 挿し木から3年後の苗木。下枝を落として文人木にする。この後、上部の枝葉を整理する。

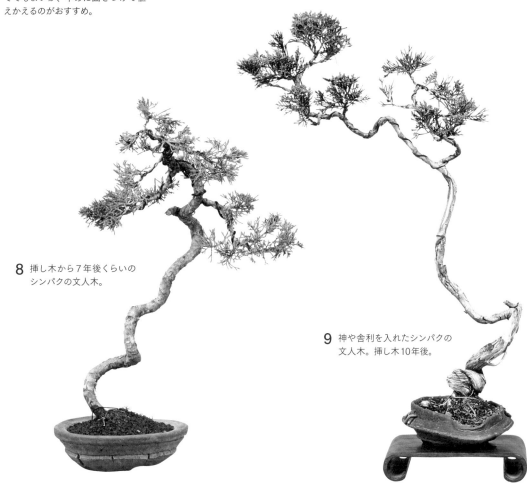

8 挿し木から7年後くらいのシンパクの文人木。

9 神や舎利を入れたシンパクの文人木。挿し木10年後。

購入素材の仕立て方

盆栽展や園芸店に行くと、実生や挿し木で仕立てられた素材がたくさん売られています。比較的安価で入手できるので、それを購入して自分好みの樹形に仕立てていくのも楽しいものです。

高さ13cmのエゾマツの素材

挿し木でつくられたと思われる高さ13cmのエゾマツ。右側の一の枝が大きく育っているので、これを生かして双幹の樹形に仕立てることにします。

2 門枝の一方や、前面に伸びている枝などの余分な枝をハサミで切り取る。

1 購入したエゾマツの素材と植えかえる鉢。エゾマツは葉が小さくまとまっているので、小さな樹でも比較的まとまった盆栽に仕立てやすい。

3 まず幹と一の枝に針金をかけ、その後小さな枝にも針金をかけていく。

4 枝を曲げて形をつくる。

5 鉢から抜き、新しい鉢に入るように根を整理する。

6 新しい鉢に植え、針金でしっかり固定する。

7 土の表面に水ごけをのせて完成。素材の特徴を生かした樹形になった。

曲のついたシンパクの素材

曲のつけられた、挿し木から3年ほどのシンパク。株元のおもしろさを出すために、小さく折りたたむことにしました。

3 幹を折り曲げ、針金で縛ったりしてこまで小さくした。1年ほどこのままで育て、その後に様子を見る。

1 挿し木から3年ほどのシンパク。模様木や文人木など、いろいろな樹形に仕立てることができるが、根元が大きく屈曲した蟠幹樹形にするため、小さく折りたたむことにした。

2 根元付近の枝を切り取ってすっきりさせる。

将来はこのような樹形を目指す。

●剪定や鉢がえで樹格を上げましょう

完成樹の仕立て直し

ほぼ完成した樹でも少し手を入れるだけでぐっと見栄えのする樹になることも。
不要な枝を抜いたり、鉢をかえたりすることによって仕立て直しましょう。

樹齢10年ほどのスギ。

高さ30cmの直幹のスギ

　シンプルな樹形のスギですが、順次、枝を抜くことにより、感じられる大きさと古木感が増してきました。ただし、枝を少なくすればよいというものではないので、全体のバランスを見ながら、枝を抜くか残すかを判断することが大切です。

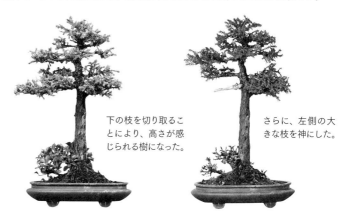

下の枝を切り取ることにより、高さが感じられる樹になった。

さらに、左側の大きな枝を神にした。

半懸崖のクロマツ

　高さ30cmの半懸崖のクロマツを、剪定と植えかえによって吹流し風に改作しました、それほど手を入れていないのに、ぐっと締まった印象になりました。

1 高さ30cmの半懸崖のクロマツ。手前の右側に伸びた枝がせっかくの幹を隠してしまっている。鉢もやや重い感じがする。

2 手前に伸びる枝を切り取ることにより、この樹の魅力である隆々とした立ち上がりがよく見えるようになった。

3 やや小さめの丸鉢に幹を少し立てて植え、吹流し風の樹形に。細かい枝も整理して針金をかけ、すっきりとした印象になった。

ゴヨウマツの模様木

　高さ15cmほどの小型の模様木。剪定と針金かけで仕立て直します。

1 右の枝を切り取る。

剪定前の状態。左右に伸びた枝は落ち着いた感じだが、おもしろみに欠ける。

2 残った枝に針金をかける。

3 上から見たところ。小さな枝にも残らず針金をかけた。

各枝の形を整えたところ。力強い立ち上がりが強調される樹形となった。

●接ぎ木で好みの場所に枝をつくります

接ぎ木で仕立て直し

幹や枝に小さな枝を差し込み、活着させるのが接ぎ木です。好きな位置に枝をつくることができるので、樹づくりや仕立て直しには重宝な技術です。ゴヨウマツ、クロマツ、アカマツなどの挿し木では活着しにくい樹種も、接ぎ木によりふやしたり小さく仕立てたりすることができます。台木には、成長の早いクロマツやアカマツの実生2〜3年目の苗木を使うのがおすすめ。時期は2月下旬ごろが適期です。

ゴヨウマツの接ぎ木1

ゴヨウマツの枝をクロマツの根元に接いで、小さなゴヨウマツの素材をつくります。

1 ゴヨウマツの親木から、枝ぶりのよい部分を切り取る。

2 切り口を鋭角にナイフで切り戻し、乾燥しないように水につけておく。

3 クロマツの台木の株元に、ナイフで切り込みを入れる。

4 接ぎ穂と台木の形成層がぴったり合うように差し込む。

5 接ぎ穂が動かないように、ラフィアなどでしっかり縛って固定する。ラフィアは活着して太り始めるころには自然に分解し、幹に傷をつけることがないのでおすすめ。

6 台木ごと植えつける。接いだところが乾かないように、土に埋まるように植える。活着してゴヨウマツが成長し始めたら、台木の上部は切り捨てる。

ゴヨウマツの接ぎ木2

ゴヨウマツは成長が遅いため、おもしろみのある幹模様をつくるには時間がかかります。そのため、成長の早いクロマツに接ぎ木して仕立てることもできます。

1 ゴヨウマツを接ぎたい場所に、ナイフで切り込みを入れる。

右のゴヨウマツから接ぎ穂をとり、左のおもしろい樹形のクロマツに接ぎ木する。

2 接ぎ穂と台木の形成層がぴったり合うように、接ぎ穂を差し込む。

3 接いだところをラフィアでしっかり縛って固定する。

4 接いだところが乾燥しないように、湿らせたティッシュペーパーを巻いて、ひもや針金で縛っておく。

5 鉢ごとビニール袋に入れて乾燥を防ぐ。

やがて活着すると、ゴヨウマツが育ってくる。接いだ部分の先を切り取れば、ゴヨウマツのおもしろい盆栽になる。

63

●好きなところから根を出させるのが取り木です

取り木で仕立て直し

大きくなった樹を切り詰めたいときや、幹の太いミニ盆栽をつくりたいとき、株元や根張りに欠点がある樹を仕立て直したいときなどに行うのが「取り木」です。素材の樹の枝ぶりのよい部分、こぶや屈曲があるおもしろい部分を切り取って、盆栽にできます。少々時間がかかりますが、手間はそれほどかかりませんので、伸びすぎた樹などがあったら試してみましょう。

取り木の仕方

いろいろな方法がありますが、環状剥皮を行う方法が一般的です。根を出したい場所の樹皮を幅1〜2cmくらい剥がして（環状剥皮と呼ぶ）、水ごけを巻き、乾燥しないようにビニールなどで包んでおくと、やがて発根します。発根したら、発根した場所の下で切り離して植えます。時期は春から夏の成長期が適しています。

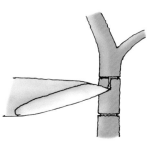
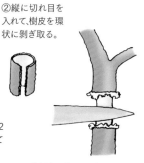

②縦に切れ目を入れて、樹皮を環状に剥ぎ取る。

①根を出させたい部分と、その1〜2cm下の2カ所に、幹の全周にわたってぐるりと切れ目を入れる。

③緑色の部分が残らないように剥ぎ取るのがポイント。残っていたらナイフで削り取る。

樹の上部で取り木をするときは、剥皮した部分を湿らせた水ごけで覆い、その上をビニールで覆う。ビニールの上部は少しあけておき、ときどき水を入れて水ごけが乾かないようにする。

地際で取り木をするときは、鉢から抜いて深鉢に植える。

こんな樹は取り木で仕立て直そう

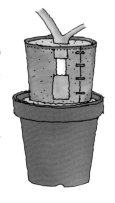

地際で取り木をする場合は、プラ鉢などで覆って用土を足しておいてもよい。

いずれの場合も、十分発根したら発根したところの下部を切り取って植えつける。

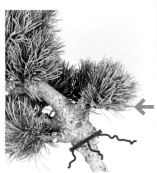

やがてこのように根が出たら、切り取って植えつける。

接ぎ木でつくったゴヨウマツだが、株元が細くなってしまった。このような株はアの部分で取り木をして根を出させる。

取り木の手順

　大きく育ったカエデを例に、取り木の手順を紹介します。カエデの場合は、春に環状剥皮をし、夏に切り離して植えるのがよいでしょう。

ちょっと伸びすぎたカエデ。アの部分で取り木をする。

1 こんな感じの小さな樹をつくる予定。

2 根を出させたい場所に2カ所、1cmくらいの間隔をあけて、ハサミやナイフで切れ込みを入れる。

3
樹皮に縦に切れ込みを入れ、樹皮を全周にわたって剥ぎ取る。緑色の部分が残っていると発根しないので、幹の中心の薄茶色の部分が出るまできれいに剥ぎ取る。

4 樹皮を剥ぎ取った部分を水ごけで巻く。

5 水ごけをビニールなどで巻く。ここではビニールポットを切り開いたものを使用。

6 ビニールの下部をしっかり縛っておく。上部はあいていてもよい。水ごけが乾かないように、水やりのたびにこの部分にも水をかける。

7 樹種や季節にもよるが、だいたい3カ月くらいで発根する。

8 十分発根したら、枝切りなどを使って発根した部分の下で切り離す。

9 切り離した部分。長く伸びた枝などを切り詰めて形を整える。

10 水ごけごと、鉢に植える。

11 下部の樹も枝を整理して植えかえた（左）。取り木した株（右）は、1年後に植えかえるときに、水ごけをきれいに取り除く。

●石と樹を組み合わせた盆栽が石付きです

石付き盆栽をつくる

岩場に自生する樹木が岩に根を張っている様子を模した盆栽が石付き盆栽（または石付け盆栽）です。小さな苗木でもおもしろい盆栽になるので初心者にもおすすめ、ぜひチャレンジしてみましょう。樹が石の上にのっている「石上石付き」と、根が鉢土の中に入っている「石抱き石付き」があります。

石上石付きのつくり方

　石の上やくぼみに植えた盆栽を「石上石付き」と呼びます。
ここではカエデを例に、そのつくり方を紹介します。

1 植えつけに使う石と、株立ちのカエデ（幅33㎝）。

2 石と樹のバランスを確認する。石より大きな樹は、石上石付きには向かない。

3 樹を鉢から抜き、根を整理する。

4 石の背面にあるくぼみに樹を置いて、正面からの見え方を確認する。

5 石のくぼみに赤玉土を敷き、植える樹をのせて樹の位置や向きを決め、針金で固定する。

6 根の間に赤玉土を入れる。

7 練り合わせたケト土を根の部分に塗りつけて、土がこぼれないようにする。

8 最後に、ケト土が水やりなどで流されないように、表面にこけを張りつける。強い水流をかけるとこけやケト土が流されてしまうので、こけが活着するまでは、霧吹きや細い水流のジョウロで静かに水やりする。

◉ケト土を用意する

赤玉土の小粒、ケト土、水ごけ粉を同量ずつ混ぜ、少量の水を加えてよく練り合わせる。

流れないくらいのかたさに練り合わせる。

石抱き石付きのつくり方

　根や幹が石を抱くように育つ石付きです。幹や枝葉で石を隠してしまわないようにつくるのがポイントです。

中央の石（高さ10cm）に左のカエデの苗を植えつける。鉢は石がよく目立つように、浅めのものを選んだ。

1 カエデの苗を鉢から抜き、土を落とし、石に沿わせてバランスを確かめる。

2 苗を針金で石に縛りつける。樹が石を隠さないよう、石の裏側につけるのがポイント。

3 石に苗を縛りつけたところ。

4 鉢底に網を敷いて固定用の針金を通し、赤玉土を敷いて石と樹を置く。

5 根の上に赤玉土を入れ、鉢底から通した針金で固定する。

6 後ろから見たところ。根の先が用土に入っていれば、根の上部は露出していてもかまわない。

7 最後に土の表面にこけを張って植えつけ終了。植えつけ後しばらくは、半日陰で乾燥させないように管理する。

1～2年生の実生苗でミニ盆栽づくりを楽しむ

　よい盆栽をつくるためには、ある程度の年月の経過が必要になりますが、実生後1年程度の苗木でも、それなりに楽しめるミニ盆栽づくりが可能です。そのいくつかを紹介しましょう。

実生1年目のカエデで「石付き」づくりを楽しむ

　河原で拾った石に、実生1年目のカエデをつけたものです。カエデは前年の春に発芽したものを初夏に掘り上げ、10本前後束にして、根と葉のつく位置を針金で接近させておいたもの。そうすることで株立ちや筏吹きのようになり、個々の成長に差が生じます。渓流とその一部を覆うように崖から左に伸びる木々、清流の上を低く飛び交う数羽のツバメなどをイメージしてつくってみました。

　樹の高さ7cm、石の幅21cm。

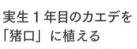

実生1年目のカエデを「猪口」に植える

　発芽1年後の春に整枝したカエデを、自分で穴をあけた猪口に植えたものです。高さ6cm、幅5cm。

モミジのポット苗でつくった「寄せ植え」を変形鉢で育てる

　入手したポット苗（実生1年目）の中から短いもの、曲がったものなどを9本選び、変形鉢に植えてみました。樹の高さ10cm、鉢の径13cm。

実生1年目のコナラを「2本寄せ植え」に

　春発芽したコナラの芽が2～3cm伸びたころに、ドングリ（子葉）を落とさないように掘り上げます。根と茎に針金をかけて曲をつけ、摘芯して再び植えつけておくと、秋までに2～3本の枝が出てきます。そのようにして1年間仕立てたものを寄せて鉢上げしたものです。寒風に寄り添って耐える2本の樹をイメージして針金をかけました。高さ10cm、幅10cm。

樹種別・盆栽の手入れ

盆栽の手入れや仕立て方は、多くの樹種にほぼ共通すること
もありますが、樹種によって性質や育ち方が異なるため、変
わってくることもたくさんあります。この章では、それぞれ
の樹種の仕立て方の手本となるようなすばらしい盆栽を紹介
するとともに、手入れや仕立て方のポイントを解説します。

実生後45年間にわたって丹精されたクロマツ。鉢の中
央部から低く右に出ている根は、数本が重なり合って太
くなったもので、捻転して立ち上がっている皮の荒れた
根とともに見どころのひとつとなっている。曲づけされ
た幹は根の裏側から地を這うように左側に出てから伸
び上がっている。根と幹は荒れた皮が同調していて
区別がつきにくい。全体を見ると、根の形と枝
配りとのバランスがよく、美しい樹形が表現
されている。差し枝の先端は、枝に力をつ
けるために芽切りをしなかった部分で、
そこだけ葉が長い。落ち着いた松泉の
鉢に入っている姿からは、古色を帯
びた根と幹の豪快さとともに、枝
葉の優美さも感じられる。しば
らく見つめていると、切り立っ
た崖の景色が目に浮かんでくる。
まさに自然美と芸術美とが融
合した盆樹といえよう。

黒松　上下45㎝、幅70㎝。
関野 正蔵

黒松 くろまつ

和名	クロマツ	分布	本州、四国、九州
別名	オマツ（男松、雄松）	分類	マツ科マツ属
英名	Japanese black pine	学名	*Pinus thunbergii*

日本の風景を代表する「白砂青松」の松がクロマツで、アカマツが山地に多いのに対し、海岸に近い地域に分布しています。オマツ（男松、雄松）とも呼ばれるように、葉は剛直な針状、幹肌は黒褐色に荒れて剛毅で、樹齢とともに風格を増していく樹姿が魅力です。非常に強健で育てやすい樹種で、強い剪定にも耐えられ、枝がやわらかいので針金かけによる樹形の大きな変更もしやすく、あらゆる盆栽樹形に仕立てられます。若木でも古木感、大木感が出しやすく、比較的短期間で盆栽として楽しめます。盆栽に最もふさわしい樹種といえるでしょう。

銘は「炎」。速水御舟の傑作「炎舞」をイメージして創作された連作の一鉢。屈曲捻転して立ち上がる根は燃え盛る炎。茎頂を下げて根を際立たせ、枝を左右にゆったり伸ばした姿は鉢とのバランスもよく秀逸を極める。1.5m以上にも伸ばした根を、再び盆上に戻すという卓越した技術と感性は驚嘆に値する。稀有な樹形の名木である。

黒松「炎（ほのお）」
高さ45cm、幅45cm。
関野 正蔵

樹高16cmの小品でも、立ち上がりの部分と幹の曲や舎利のおもしろさなどに見どころがある。よくまとまった樹で鉢映りも申しぶんない。

黒松　高さ16cm、幅14cm。
関野 正蔵

黒松　高さ18cm、幅20cm。関野太郎氏 蔵

黒松　高さ13cm、幅11cm。関野 正蔵

黒松　高さ22cm、幅30cm。
添田敬司氏 蔵

鉢いっぱいに広がる迫力ある根張りをもつ美しい樹形からは、厳しい環境の中でたくましく生きる黒松の堂々たる風格が感じられる。自然の風趣を超えた深奥な樹形美が表現されている。

黒松　高さ43cm、幅65cm。関野 正蔵

変化のある根と幹がおもしろい。リズム感のある樹で、数羽の小鳥が枝の間を飛び交う姿が目に浮かぶようだ。

黒松　高さ19cm、幅35cm。北野 肇氏 蔵

やや高めに植えられた樹の立ち上がりや、右の落ち枝がやや上向きに伸びているさまなどが見どころである。この樹には、その前で静かに立っていると、松韻が聞こえてくるような趣がある。クロマツ吹流しの名品といえる。

黒松　高さ26cm、幅40cm。
関野 正蔵

黒松　高さ12cm、幅20cm。
松本八千代氏 蔵

樹高15cmの小品ながら、巨樹の様相を呈する根張りと立ち上がりなどから黒松らしい迫力が伝わってくる。

黒松　高さ15cm、幅15cm。関野 正蔵

天に向かって立ち上がる根の形は、力任せにつくられたものではない。作者は成長に伴って変化する樹の特性を最大限に生かす樹づくりを心がけている。樹との対話をとおして行う整姿法により、大胆さと繊細さを併せ持つ秀逸な作品となったのではなかろうか。関野 正の傑作の一鉢である。

黒松　高さ74cm、幅77cm。関野 正蔵

黒松　高さ35cm、
幅40cm。
森田東平氏 蔵

黒松　高さ18cm、幅16cm。
清水多喜子氏 蔵

黒松
高さ23cm、幅28cm。
関野 正 蔵

黒松　高さ10cm、幅28cm。関野太郎氏 蔵

黒松
高さ23cm、
幅20cm。
有馬裕史氏 蔵

黒松
高さ12cm、幅20cm。
関野太郎氏 蔵

クロマツの育て方、仕立て方

クロマツの小品盆栽は、日当たり、風通しのよい場所で、水ぎれさせないように注意して育てます。ただし、普通に育てていては葉が長く伸びて、美しい姿になりません。盆栽として仕立てるには、葉を短くすることが大切。芽切りなどの「短葉法」で、短い葉を出させます。

手入れのポイント

芽摘み〈4〜5月〉(80ページ参照)
若木は春に枝先から伸びる棒状の新芽を、半分くらいに折り取ります。

芽切り〈6〜7月〉(81ページ参照)
春に出た一番芽を切り取って、短い二番芽を出させます。

芽かき〈8〜9月〉(82ページ参照)
芽切り後に出る二番芽を2芽残してかき取り、枝の数を制限します。

葉透かし(葉切り、葉すぐり)〈11月〉(83ページ参照)
前年以前に出た葉をすべて切り取り、日当たり、風通しをよくします。

剪定と針金かけ〈10〜3月〉(82ページ参照)
枯れ枝や不要な枝を切り取り、伸びすぎた枝は芽のあるところまで切り戻します。必要なら針金をかけて枝を曲げ、樹形を整えます。

置き場所

●一年中、屋外のひなたで育てます

暑さ寒さに強く、一年中屋外で育てられます。ひなたを好み、一日中日が当たる場所が理想ですが、5時間以上の日当たりがあれば育てられます。日当たりが悪いと葉が細くなりますが、それなりに楽しむことはできます。

春 屋外の日当たり、風通しのよい場所で育てます。鉢は直接地面の上には置かず、必ず棚か台の上に置くようにします。

夏 春と同じ場所で育てられます。遮光なども必要ありません。夏は乾きが早く、小さな鉢では一日に2〜3回の水やりが必要になることもありますが、日中に水やりができない場合は、二重鉢にするか、トレーに湿らせた砂などを敷き、その上に鉢を置くなど、乾きにくくする工夫も必要です。

秋 春と同じ、日当たり、風通しのよい場所で育てます。

冬 寒さには強いので屋外で大丈夫ですが、北風に当たると乾燥で枝が傷んだりします。できれば、北風の当たらない日だまりなどに置くのがよいでしょう。降雪地帯では雪の重みで枝が折れてしまうことも考えられますので、屋根のある場所が理想的です。

水やり

●水ぎれさせないよう、たっぷりと水やりします

クロマツは盆栽の中では比較的水を好む種類です。水ぎれさせないよう、表土が乾きかけたらたっぷりと水をやりましょう。乾いてしまった鉢は、水につけて十分に水を吸わせます。夏は夕方に、ジョウロなどで葉に水をかけてやります。冬は与えた水が凍らないよう、午前中に水やりします。

日当たりと風通しのよい場所に高さ50cm〜1mくらいの棚をつくり、鉢を置く。

黒松
高さ8cm、幅15cm。
関野 正蔵

クロマツの管理・手入れカレンダー

	1	2	3	4	5	6	7	8	9	10	11	12
置き場所						屋外（日当たりのよい場所）						
水やり	1～2日に1回				1日に1回		1日に1～2回		1日に1回		1～2日に1回	
肥料			置き肥を隔月に						置き肥を隔月に			
作業					芽摘み	芽切り		芽かき		葉透かし		
	剪定・針金かけ									剪定・針金かけ		
	（1～2月は寒風を防ぐ）											
植えかえ												

肥料

●置き肥を中心に与えます

　肥料を好みます。真夏（8月）と冬（12～2月）を除き、隔月に置き肥を与えます。芽切り後に葉面散布肥料を葉にかけてやると、二番芽が吹きやすくなります。

植えかえ

●成木は3～4年に1回植えかえます

　クロマツは生育が旺盛なので、若木のうちは2～3年に1回、成木でも3～4年に1回は植えかえます。時期は芽が動き始める前の3月中旬から4月上旬、または8～9月中旬が適期です。古い土を1／3ほどていねいに落とし、枯れた根や太い走り根を切り、長い根は1／3くらいまで切り詰めて、水はけのよい用土で植えつけます。（40ページ参照）

樹形がほぼできた樹は、観賞鉢に植えかえる。樹種や樹形とバランスのよい鉢を選ぶ。（44ページ参照）

植えかえる樹を鉢から抜いて土を1／3ほど落とし、根を切り詰める。

新しい鉢に植えつける。樹の位置や角度に注意する。

芽摘み〈4〜5月〉

●新芽の芽先を摘み取って成長を抑えます

「みどり摘み」とも呼ばれる作業で、培養中の若木で行います。クロマツやアカマツは、春になると枝先から棒状の新芽（これを「みどり」と呼ぶ）が伸びてきます。これをそのままにしておくと枝が長く伸びすぎるので、途中で摘み取って枝の長さを調整するのが芽摘み（みどり摘み）です。1カ所から数本の芽が伸びてくるので、いちばん弱い芽に合わせて先を摘み取ります。1〜2本しか出ない芽は、半分くらいに摘み取っておきます。1カ所から多くの芽が伸びているところは、強い芽を根元からかき取って2〜3本にしてから芽摘みを行います。

なお、観賞できる樹のように、初夏（6〜7月）に芽切りを行う場合は、芽摘みは行わないこともありますが、樹勢によっては芽切りを行いません。

新芽が伸び始めたクロマツ。このくらいに伸びたら芽摘みを始める。

芽摘みの仕方

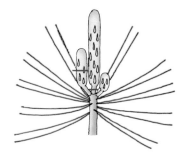

長く伸びた勢いのよい芽は根元から摘み取り、2〜3本の芽を残す。残した芽は弱い芽に合わせて先を折り取る。

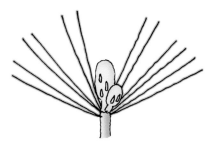

弱い芽は芽摘みをせず、そのまま伸ばす。

芽摘みは、葉が開きかけるまでに行いたい。

芽摘みを
しなかった
枝は……

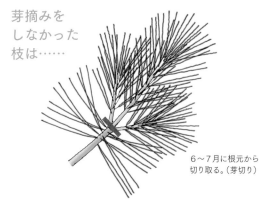

6〜7月に根元から
切り取る。（芽切り）

80

マツの短葉法・芽切り〈6〜7月〉

●春から伸びた枝を切り取って、二番芽を出させます

クロマツやアカマツは葉が長くなりすぎるのが盆栽としての欠点です。そのため、葉を短くするためにいろいろな「短葉法」が考えられていますが、その代表が「芽切り」という技術です。春に出る一番芽は勢いがよく、間延びして葉も長くなるので、これを切り取って二番芽を出させる作業が芽切りです。二番芽は短い葉しか出ないので、盆栽としては好まれます。また、1カ所から数本の芽が伸びるので、枝数をふやすこともできます。

クロマツでは、枝葉が十分ある元気のよい樹では、2回に分けて芽を切る「二度芽切り」を行うこともあります。樹勢の弱い下枝などは早めに芽切りを行い、早めに二番芽を出させてしっかり成長させます。樹勢の強い樹冠部などは、芽切りを1〜2週間ほど遅くして、二番芽が出るのを遅らせます。

●若木や弱った樹は芽切りを避けます

マツは、普通は1年に1回しか芽を伸ばしませんが、芽切りを行うと1年に2回芽を伸ばさなければならなくなります。このため、樹には負担をかけます。植えかえたばかりで元気のない樹、改作などで枝をたくさん切った樹、弱って枯れそうな樹などは、芽切りは行わないようにするか、一部の樹勢の強い枝の芽だけを切るようにします。また、芽切りをしていると枝や幹があまり太らないので、若木などでこれから枝や幹を太らせたい樹も、芽切りは行わないようにします。

春に出た新芽が伸びたクロマツ。今年伸びた新芽を切り取る。

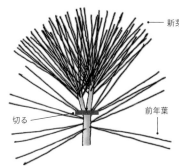

新芽

春から伸びた芽を切り取る。二度芽切りを行うときは、弱い芽、伸びの悪い芽から切り取り、1〜2週間後に強い芽を切る。

切る

前年葉

芽切りの終わった
クロマツの小品盆栽。

芽かき〈8〜9月〉

●二番芽の数を制限します

　芽切りをしてから1カ月ほどすると、切り口の横から二番芽が伸びてきます。元気のよい枝では1カ所から何本もの芽が伸びてくるので、よい向きに伸びてきた2本を残し、他は根元からかき取ります。樹勢の強い頭部や枝先は弱い芽を残し、樹勢の弱いふところ枝などは強い芽を残して全体のバランスを整えます。

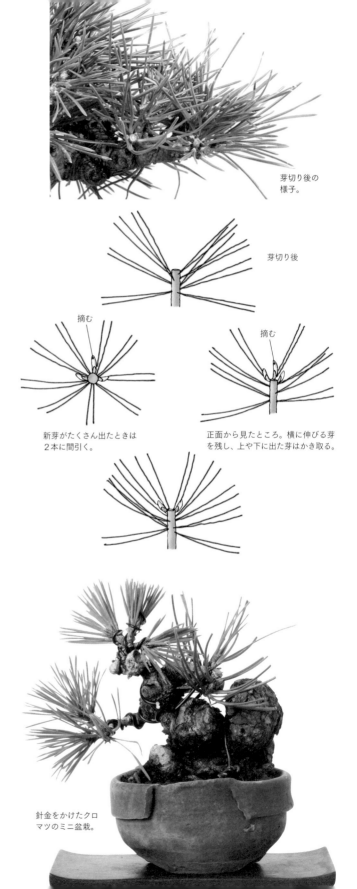

芽切り後の様子。

芽切り後

やがて葉腋から新芽が出てくる。

摘む

新芽がたくさん出たときは2本に間引く。

摘む

正面から見たところ。横に伸びる芽を残し、上や下に出た芽はかき取る。

剪定と針金かけ〈10〜3月〉

●好みの樹形をつくります

　樹形を整えるための剪定と針金かけは、樹が伸長を止めている10〜3月に行います。枯れ枝や不要な枝を切り取り、伸びすぎた枝は芽のあるところまで切り戻します。針金はアルミ線を使います。(30〜39ページ参照)

針金をかけたクロマツのミニ盆栽。

葉透かし（葉切り、葉すぐり）〈11月〉

●古い葉を整理して日当たり、風通しをよくします

　葉が混み合ってくると日当たりや風通しが悪くなり、ふところ芽（枝の途中から出た芽）が育たなくなるので、古い葉を切り取って日当たり、風通しをよくします。基本的には、前年以前に出た葉はすべて切り取ります。樹勢が強い樹は、今年出た葉も半分くらい切り取ることもあります。葉は、根元から2mmくらいを残して、ハサミで切り取ります。ピンセットなどで抜き取ってもかまいません。

　なお、枝の途中から芽（胴吹き芽）を出させたい場合は、芽吹かせたい場所の葉を切らずに残しておくと、そこから芽が出てくることもあります。

葉透かし前のクロマツ。

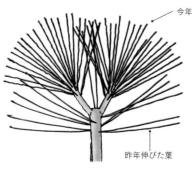

今年伸びた葉

昨年伸びた葉

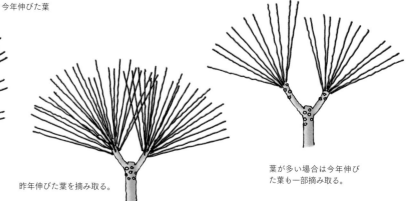

昨年伸びた葉を摘み取る。

葉が多い場合は今年伸びた葉も一部摘み取る。

葉はピンセットなどで摘み取る。

基部を1〜2mm残し、ハサミで切ってもよい。

葉透かしの終わったクロマツ。風通しがよくなり、樹の中心まで日が当たるようになった。

83

赤松 あかまつ

和名	アカマツ	分布	本州、四国、九州
別名	メマツ（女松、雌松）	分類	マツ科マツ属
英名	Japanese red pine	学名	*Pinus densiflora*

クロマツが海岸近くに自生するのに対し、アカマツは内陸部まで見られます。野外で見られる樹では樹皮が赤褐色になるのが特徴ですが、盆栽ではあまり赤くなりません。クロマツに比べると葉が淡黄緑色で細く、全体にやさしい樹姿をしているところから、メマツ（女松、雌松）とも呼ばれます。どのような樹形にも仕立てられますが、やさしい雰囲気を生かした文人木や懸崖、吹流しなどにすると、クロマツとは異なる味わいがあります。クロマツ同様、非常に強健で育てやすい樹種です。

前後左右に細かく、また大きく揺れ動く幹模様が見どころの樹である。このような曲づけはそう簡単にできるものではない。実生苗のころから幾度となく整姿を繰り返した努力のたまものであろう。枝数を減らしたことが、曲のおもしろさと美しさを際立たせている。

赤松　高さ14cm、幅20cm。
関野 正蔵

84

立ち上がり部分の根と幹の太さからは、豪壮な老大樹を感じさせるが、この樹は樹高30cmにすぎない。枝配りもすばらしく、枝葉からは赤松らしい優美さも伝わってくる。

赤松　高さ30cm、幅37cm。関野 正蔵

根と幹の引き締まった迫力あるこの樹は、樹高10cmのミニ盆栽。釜形鉢ともよく調和している。このようなミニの樹はめったに目にすることができない。

赤松　高さ10cm、幅12cm。関野 正蔵

すっきりとしてあかぬけした妙味のある樹で、文人木と呼ぶにふさわしい。

赤松　高さ75cm、幅60cm。
関野 正蔵

赤松　高さ18cm、幅17cm。関野 正蔵

アカマツの育て方、仕立て方

基本的にはクロマツと同様の管理で育てられます。寒さにはより強いのですが、大気汚染に弱いので、煤煙や排気ガスなどで汚れやすい場所では、ときどき噴霧器の水圧を上げて葉を洗うとよいでしょう。クロマツ同様、芽切りによって短い葉を出させますが、クロマツほど二番芽の芽吹きがよくないので、芽切りは控えめにします。

手入れのポイント

芽摘み〈4〜5月〉(88ページ参照)
　若木は春に伸びる新芽の先を折り、強弱のバランスを整えます。

芽切り〈6〜7月〉(89ページ参照)
　観賞できる樹で行います。葉の伸びが早いので、やや遅めに行うのがポイントです。

芽かき〈8〜9月〉(89ページ参照)
　二番芽は、1カ所に2本を残し、他は根元からかき取ります。

葉透かし(葉切り、葉すぐり)〈11月〉(89ページ参照)
　古い葉を切り取って日当たり、風通しをよくします。

剪定〈10〜3月〉
　枯れ枝や不要な枝を切り取り、伸びすぎた枝は切り戻します。(30〜35ページ参照)

針金かけ〈10〜3月〉

赤松　高さ13cm、幅23cm。関野 正蔵

置き場所

●一年中、屋外のひなたで育てます

　暑さ寒さに強く、一年中屋外で育てられます。ひなたを好み、1日5時間以上日が当たる場所が理想的です。半日陰でも育てることはできますが、日当たりの悪い場所では枝枯れを起こすことがあります。

春　屋外の日当たり、風通しのよい場所で育てます。鉢は直接地面の上には置かず、必ず棚か台の上に置くようにします。

夏　春と同じ場所で育てられます。遮光なども必要ありません。夏は乾きが早く、小さな鉢では一日に2〜3回の水やりが必要になることもありますが、日中に水やりができない場合は、トレーに湿らせた砂などを敷き、その上に鉢を置くなど、乾きにくくする工夫も必要です。

秋　春と同じ、日当たり、風通しのよい場所で育てます。

冬　クロマツよりも寒さには強いので、屋外で大丈夫です。北風に当たると乾燥で枝が傷んだりします。できれば、北風の当たらない場所に置くのがよいでしょう。降雪地帯では雪の重みで枝が折れてしまうことも考えられますので、屋根のある場所が理想的です。

水やり

●過湿に注意しましょう

　クロマツよりは乾燥に強いようです。過湿にすると枝や葉が間延びしやすいので、水やりは表土が乾いてからにします。乾きすぎた鉢は、水につけて十分に水を吸わせます。夏は夕方に、ジョウロなどで葉に水をかけて、汚れを洗い流してやりましょう。冬は与えた水が凍らないよう、午前中に水やりします。

アカマツの管理・手入れカレンダー

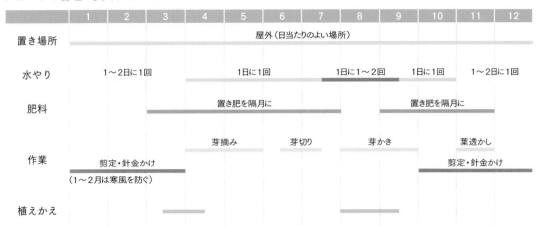

	1	2	3	4	5	6	7	8	9	10	11	12
置き場所						屋外（日当たりのよい場所）						
水やり	1〜2日に1回				1日に1回		1日に1〜2回		1日に1回	1〜2日に1回		
肥料			置き肥を隔月に						置き肥を隔月に			
作業	剪定・針金かけ			芽摘み		芽切り		芽かき		葉透かし	剪定・針金かけ	
	（1〜2月は寒風を防ぐ）											
植えかえ												

肥料

●置き肥を与えます

　肥料を好みます。真夏（8月）と冬（12〜2月）を除き、隔月に置き肥を与えます。芽切り後に葉面散布肥料を葉にかけてやると、二番芽が吹きやすくなります。

植えかえ

●成木は3〜4年に1回、植えかえます

　クロマツ同様、生育が旺盛なので、若木のうちは2〜3年に1回、成木でも3〜4年に1回植えかえます。時期は芽が動き始める前の3月中旬から4月中旬、または8〜9月中旬が適期です。古い土をていねいに落とし、枯れた根や太い走り根を1／3〜1／2ほど切り、長い根は1／3くらいまで切り詰めて、新しい用土で植えつけます。（40ページ参照）

剪定と針金かけ

●樹形を整えます

　樹形を整えるための剪定と針金かけは、樹が伸長を止めている10〜3月に行います。枯れ枝や不要な枝を切り取り、伸びすぎた枝を芽のあるところまで切り戻します。針金はアルミ線を使います。（30〜39ページ参照）

不要な枝は根元から切り取る。

87

芽摘み〈4～5月〉

●強い芽を摘んでバランスをとります

　春になると枝先から棒状の新芽が伸びてきます。1カ所から多くの新芽が伸び始めたところは、強い芽を根元からかき取って2～3本にします（早春に行ってもよい）。残った芽は、いちばん弱い芽に合わせて先を摘み取ります。1～2本しか出ない芽は、半分くらいに摘み取っておきます。

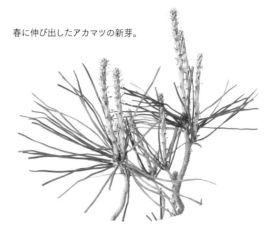

春に伸び出したアカマツの新芽。

長く伸びた強い芽は、短い芽に合わせて折り取る。

1カ所に2～3本の芽を残す。

◉アカマツ、クロマツの見分け方

　アカマツは、クロマツより葉が細く全体に繊細な感じがする、樹皮が赤くなる、などの特徴がありますが、最も見分けやすいポイントは芽の色です。クロマツの芽は灰色ですが、アカマツの芽はその名のとおり、赤っぽい色をしているので、芽を見れば容易に見分けられます。

アカマツの芽

クロマツの芽

芽切り〈6〜7月〉

●芽切りは1回で終わらせましょう

クロマツ同様に、春に伸びた一番芽を切り取って、葉の短い二番芽を出させますが、アカマツはクロマツより葉の伸びが早いので、やや遅めに行うのがポイントです。また、クロマツほどは樹勢が強くないので、強い芽だけを切り、弱い芽は切らずに残しておきます。元気のよいクロマツで行う「二度芽切り」も行わないようにします。若木や弱った樹では二番芽が吹きにくいので、芽切りは行わないようにするほうが安心です。

芽かき〈8〜9月〉

●二番芽は1カ所2本を残します

芽切り後に出た二番芽は、1カ所に2本を残し、他は根元からかき取ります。樹勢の強い頭部や枝先は弱い芽を残し、樹勢の弱いふところ枝などは強い芽を残して全体のバランスを整えます。

葉透かし（葉切り、葉すぐり）〈11月〉

●昨年出た葉を切り取ります

葉が混み合ってくると日当たりや風通しが悪くなり、ふところ芽（枝の途中から出た芽）が育たなくなるので、古い葉を切り取って日当たり、風通しをよくします。基本的には、

春から伸びたアカマツの新梢。根元から切り取る。

前年以前に出た葉はすべて切り取ります。樹勢が弱い部分は前年葉を少し残しておきましょう。葉は、根元から2mmくらいを残して、ハサミで切り取ります。ピンセットなどで抜き取ってもかまいません。

なお、枝の途中から芽（胴吹き芽）を出させたい場合（そこに枝が欲しい場合）、芽吹かせたい場所の葉を切らずに残しておくと、そこから芽が出てくることもあります（必ず芽が出るとは限らない）。

葉透かし前の状態。

昨年以前に出た葉と今年出た葉を半分くらい摘み取り、風通し、日当たりがよくなった。

五葉松 ごようまつ

和名	ゴヨウマツ	分布	本州、四国、九州
別名	ヒメコマツ（姫小松）	分類	マツ科マツ属
英名	Japanese white pine	学名	*Pinus parviflora*

5本の針状の葉が一束になって生じるところから名づけられました。本州、四国、九州に自生するゴヨウマツはヒメコマツとも呼ばれています。盆栽としては、四国、那須、会津産のものが多く培養されています。産地によっては葉性、幹肌などに個体変異が見られるので、性のよいものを選んで育てましょう。短く端正な常緑の葉と、灰白色に荒れた幹肌との調和は独特の風格をもち、クロマツとともに、松柏盆栽の代表といえる樹種です。若木では枝幹に弾性があるので樹づくりが容易です。直幹、模様木、懸崖、吹流し、文人木などあらゆる樹形に仕立てられます。クロマツやアカマツに比べると成長が遅いため、じっくりとつくり込めます。

五葉松の台木に八房五葉の「九重」を枝接ぎしたもの。接ぎ木後7年ですでに盆栽の姿形になっている。接いだ跡も目立たず、接ぎ木といわれなければ、気づかない。枝の間を通り抜けてきたさわやかな風が頬で感じられるようだ。
五葉松　高さ20cm、幅38cm。関野 正 蔵

2本が寄り添い悠然と立つ大樹。黒松の台木に接ぎ木された五葉松であっても自然樹の趣がある。
五葉松　高さ28cm、幅30cm。
関野 正 蔵

黒松に枝接ぎして7年。立ち上がりの曲や捻転した幹とともにゆったりした枝配りが見どころ。山の尾根に立つ大樹をあおぎ見ているような感覚にとらわれる。

五葉松　高さ25㎝、幅38㎝。関野 正 蔵

五葉松　高さ14㎝、幅17㎝。
大西清二氏 蔵

五葉松
高さ16㎝、幅30㎝。
関野 正 蔵

2本の太い根の同調した曲と、右の長い落ち枝などから、樹の大きさや古さが感じられる。また、今にも動きだしそうなところも魅力的である。

五葉松　高さ11㎝、幅11㎝。
大西清二氏 蔵

五葉松
高さ25cm、幅28cm。
関野 正蔵

石付き。石についたわずかな土ですでに10年以上
も生育している。石と樹とのバランスがすばらしい。
五葉松　高さ15cm、幅30cm。関野 正蔵

五葉松
高さ11cm、幅10cm。
花井絵里氏 蔵

厳しい自然環境の変化に幾度
も耐えて、たくましく成長して
いる自然樹の五葉松には、人
為の及ばない造形美がある。

五葉松
上下66cm、幅50cm。
関野 正蔵

五葉松　高さ13cm、幅23cm。
関野 正蔵

五葉松　高さ25cm、幅38cm。関野 正蔵

五葉松　高さ14cm、幅18cm。
花井智也氏 蔵

五葉松　高さ13cm、幅14cm。
関野 正蔵

五葉松
高さ19cm、幅23cm。
関野 正蔵

五葉松
高さ20cm、幅23cm。
関野 正蔵

ゴヨウマツの育て方、仕立て方

山地の厳しい風雪に耐えて生育している樹で、樹性は強健で環境への適応力もありますが、若木は真夏の強い直射日光や、過湿、多肥に弱いところがあります。暖地では特に注意しましょう。二番芽が出にくいので、クロマツやアカマツのような芽切りは行わず、春先の芽かきと芽摘みで、枝葉の勢いを調節します。

手入れのポイント

芽かき〈4～5月〉
春の芽かきで新芽を1カ所2本にします。

芽摘み〈4～5月〉
新芽が伸び始めたら上半分ほどを摘み取ります。

葉透かし〈葉切り、葉すぐり〉〈10～11月〉
前年に出た古葉を抜き取ります。

剪定〈2～4月、9～11月〉
枯れ枝や不要な枝を切り取り、長い枝は芽のあるところまで切り戻します。

針金かけ〈10～3月〉
枝は先を少し上げておきます（芽起こし）。

＊ゴヨウマツは二番芽が出にくいので、芽切りはしません。

置き場所

●一年中、屋外のひなたに置きます

日陰を嫌うので、できるだけ日当たりのよいところに置きます。葉が密生しているので、風通しがよいことも大切です。

春 屋外の日当たり、風通しのよい場所で育てます。鉢は直接地面の上には置かず、必ず棚か台の上に置くようにします。

夏 特に風通しのよい場所に置きましょう。高山性のため、高温多湿を嫌います。若木や小さな盆栽は、真夏は寒冷紗などで直射日光を遮ってやるとよいでしょう。

秋 春と同じ、日当たり、風通しのよい場所で育てます。

冬 寒さには強いので屋外で大丈夫です。北風の当たらない日だまりなどに置くのがよいのですが、それほど気にすることもありません。

水やり

●過湿に弱いので水やりは控えめに

ゴヨウマツはクロマツやアカマツに比べると過湿に弱いため、水やりは少なめにします。特に、春から夏までは鉢土がいつも湿っていると葉が間延びしやすく、夏場は根腐れを起こすこともあるので、水やりは控えめにします。鉢土の表面がしっかり乾いてから水やりを行うようにします。秋からはたっぷり水やりしましょう。

肥料

●主に置き肥を与えます

真夏（8月）と冬（12～2月）を除き、隔月に1回、置き肥を与えます。春に肥料が多いと葉が伸びすぎるので、春は少なめ、秋は多めに施肥します。

日当たりと風通しのよい場所に置く。

ゴヨウマツの管理・手入れカレンダー

	1	2	3	4	5	6	7	8	9	10	11	12
置き場所	屋外（日当たりのよい場所）											
水やり	1～2日に1回			1日に1回			1日に1～2回		1日に1回		1～2日に1回	
肥料				置き肥を隔月に					置き肥を隔月に			
作業			剪定		芽摘み・芽かき				葉透かし	剪定		
	針金かけ（1～2月は寒風を防ぐ）									針金かけ		
植えかえ				●					●			

剪定と針金かけ

●針金かけで樹形を整えます

剪定は芽が伸び始める前の2月中旬から4月中旬か、伸びが止まる9～11月に行います。枯れ枝や不要な枝を切り取り、伸びすぎた枝は芽のあるところまで切り戻します。クロマツやアカマツほど芽吹きがよくないので、必ず芽のあるところで切ります。

樹形を整えるための針金かけは、10～3月に行います。針金はアルミ線を使います。形を整えた後は、芽先を少し上げておくと見栄えがよくなります。（針金かけ、36～39ページ参照）

ゴヨウマツもクロマツやアカマツと同様に樹がやわらかく、若い枝は針金かけでかなり自在に曲げることができる。細い枝にもていねいに針金をかけて樹形を整える。

植えかえ

●成長が遅いので、3～5年に1回で十分です

ゴヨウマツは成長がゆっくりで根の伸びも遅いため、成木の植えかえは3～5年に一度でよいでしょう。若木は2年に1回植えかえます。時期は芽が動き始める3月中旬～4月中旬か、新梢が固まる8月中旬～9月中旬、過湿を嫌うので、赤玉土2：桐生砂1などの、水はけのよい土で植えます。夏の植えかえ後は、1週間程度は半日陰の場所で管理します。

ゴヨウマツは根の伸びが悪いので、根はあまり切り詰めないようにする。

芽かきと芽摘み

●春先の芽かきと芽摘みで成長を調節します

　節間の詰まった小枝をふやすポイントは、芽かきと芽摘みです。新芽が1カ所から多数伸びてきたら、強い芽を元からかき取ります（芽かき）。残した芽は、葉になる部分を2～4束残して、先を指先で折り取ります（芽摘み）。芽摘みの時期は、樹勢によって違いますが、4月中旬～5月中旬ぐらいの間で、指で簡単に折れるうちに摘み取るようにします。

今年伸びた芽。芽摘みはまだ葉が伸びないうちに行うのが普通だが、このくらいまで芽が伸びてから行ってもよい。葉を4～5束残して摘み取る。

このくらい残す。

ハサミで切ってもよい。

芽摘みの終わった樹。

残した部分。

手で摘み取ってもよい。

葉透かし（葉切り、葉すぐり）

●昨年出た葉をすべて切り取る

　10月に入ると古葉が黄変して見苦しくなるので、それを
抜き取って整理します。さらに2年生の葉（昨年出た葉）は
すべて抜き取り、1年生の葉（今年出た葉）でも混んでいる
部分は間引きます。そうすることで日当たりと風通しがよく
なり、新芽や残した葉が充実してきます。

今年伸びた枝
と1年生の葉。

前年伸びた枝
と2年生の葉。

2年生の葉はすべて摘み取る。基部を2mmくらい残してハサミで切っ
てもよい。

1年生の葉を半分ほど摘み取って、すっきりした
枝（中央の長い枝は、冬に切り取ってもよい）。

五葉松
高さ16cm、幅30cm。
関野 正蔵

真柏 しんぱく

和名	ミヤマビャクシン	分類	ヒノキ科ビャクシン属
英名	Chinese juniper	学名	*Juniperus chinensis* var. *sargentii*
分布	北海道、本州、四国、九州		

高山性の樹木で、北海道では沿岸部から見られますが、本州〜九州では山地の岩場などに自生しています。産地ごとに葉性や性質などに変化があり、北海道、糸魚川、秩父、紀州、四国など、産地名を冠して呼ばれることもあります。厳しい環境により白骨化した「神」や「舎利」が見どころです。丈夫で樹勢が強く、全国どこででも育てられます。幹がねじれる性質があり、自生地では幹が屈曲して這うように成長しています。盆栽としても、直幹よりも模様木、文人木、斜幹、懸崖などが向いています。枝もやわらかく曲げやすいので、多様な樹形づくりが可能です。

圧縮されて密着したように見える太い幹と舎利は、わずか24cmの樹高でありながら古木としての要素を備え、見るものを圧倒する迫力をもっている。取り木後1年をすぎたばかりとは思えない大樹の風格を感じさせる。

真柏　高さ24cm、幅27cm。関野 正蔵

挿し木後50年以上が経過した真柏の軽妙洒脱な姿は、厳しい環境に長年耐えてきた自然樹のようにも見える。吹流しの佳品といえよう。

真柏　高さ35cm、幅45cm。関野 正蔵

双幹の文人木。2本の幹の同調した曲がバランスのよい骨組みを形づくっている。枝葉を極力減らし、幹や枝に変化をつけて空間の美を構成している。

真柏　高さ62cm、幅40cm。
関野 正蔵

真柏　高さ23cm、幅25cm。
関野 正蔵

シンパクの育て方、仕立て方

日当たり、風通しのよい場所で育てます。整姿のポイントは芽摘みで、芽摘みを行わないと、芯芽だけが長く伸び、周りの弱い部分を枯らしたりします。生育が旺盛で根もよく伸びるので、成木でも毎年、あるいは2年に1回は植えかえます。

手入れのポイント

芽摘み〈5〜10月〉
芽が盛んに伸びる5〜10月の間に、繰り返し芽摘みを行います。

不定芽かき〈5〜10月〉
幹や不要な場所に出た芽は、見つけしだいかき取りましょう。

整枝剪定〈3月、10〜11月〉
不要枝や長く伸びた枝を切り、針金をかけて樹形を整えます。

乾きぎみに管理する
多湿を嫌うので、乾きぎみに管理します。

肥料は控えめに
シンパクは生育が盛んなので、若木を除き、肥料は控えめにします。

酸性土を嫌う
鹿沼土や桐生砂は使わないようにします。

置き場所

●半日陰でも育てられます

日当たりと風通しのよい場所を好みますが、比較的耐陰性があるので半日陰でも育てられます。日当たりが悪い場所では、水やりを控えめにして徒長するのを防ぎましょう。

春 屋外の日当たり、風通しのよい場所で育てます。鉢は直接地面の上には置かず、必ず棚か台の上に置くようにします。

夏 春と同じ場所で育てられます。遮光なども必要ありません。夏は乾きが早く、小さな鉢では一日に2〜3回の水やりが必要になることもあります。

秋 春と同じ、日当たり、風通しのよい場所で育てます。

冬 寒さには強いので屋外で大丈夫ですが、できれば、北風の当たらないところに置くのがよいでしょう。暖房の効いた室内などの暖かいところに置くと調子が悪くなることがあるので注意しましょう。

●神と舎利 (じん しゃり)

シンパクの最大の見どころが「神」と「舎利」。厳しい自然に耐えて生き抜いてきた強靭な古木の風格が感じられます。シンパクやトショウは木質部がかたく腐りにくいので、「神」や「舎利」をつくるのに好適。ほかに、クロマツ、アカマツ、ゴヨウマツ、イチイ、ヒノキ、ウメなどでもつくることができます。

「神」=枝が枯れて中央の白い木質部の芯が、角のように残ったもの。

「舎利」=幹や枝の一部で、表皮が枯れて白い木質部が露出しているところ。樹皮が残っていて水や養分を運べる部分を「水吸い」と呼ぶ。

「神」のつくり方

不要な太枝を長めに残して切る。

枝元に切り込みを入れ、皮を剥ぐ。

先をハサミで割る。

やっとこで枝元に引き裂く。

やすりなどで磨いて出来上がり。

シンパクの管理・手入れカレンダー

	1	2	3	4	5	6	7	8	9	10	11	12
置き場所	寒風の当たらない場所			屋外（日当たりのよい場所）						寒風の当たらない場所		
水やり	1〜2日に1回				1日に1回		1日に1〜2回			1〜2日に1回		
肥料			置き肥を月に1回（若木）						置き肥を月に1回（若木）			
作業		剪定・針金かけ					芽摘み・不定芽かき					
								剪定・針金かけ				
植えかえ												

水やり

●乾きぎみに管理します

　多湿を嫌うのでやや乾きぎみに管理します。ある程度の乾燥には耐えることができます。水やりするときはたっぷり与え、葉水もかけてやります。水を多く与えると早く成長し、水が少ないとゆっくりしか伸びないので、苗木や若木は多めに、成木は少なめに水やりするとよいでしょう。

肥料

●肥料は控えめに

　成長が早いので、若木以外は少なめにします。特に、ミニ盆栽や文人木などは少なめにします。春（5月）と秋に月に1回ずつ、置き肥を置くくらいで十分です。

植えかえ

●2年に1回植えかえる

　シンパクは生育が旺盛なので、若木のうちは毎年、成木でも2年に1回は植えかえます。水や肥料を多めに与えて育てた株は、毎年植えかえるのがおすすめです。時期は芽が動き始める3〜4月がよいとされますが、8〜9月にも行えます。酸性土を嫌うので鹿沼土や桐生砂は使わず、赤玉土単用で植えます。

芽摘み〈5〜10月〉

●ハサミは使わず、葉は手で摘み取ります

　整姿のポイントは芽摘み。芽摘みを行わないと、芯芽だけが長く伸び、周りの弱い部分を枯らしたりします。芽が盛んに伸びる5〜10月の間に繰り返し行います。葉張りから飛び出している部分を指先で軽くつまんでひねるようにすれば、簡単に抜けます。ハサミで芽を切ると切り口が枯れ込んで見苦しくなるので、手で摘み取りましょう。

不定芽かき〈5〜10月〉

●見つけしだいかき取ります

　シンパクは枝の根元に不定芽が出やすく、若木は特によく出るので、不要な場所に出た芽は見つけしだいかき取りましょう。

杉葉に注意

　通常は先が丸い「ひも葉」ですが、生育のバランスがくずれると、先のとがった「杉葉」が出てしまいます。杉葉が出ると観賞価値が下がるので、できるだけストレスを与えないように栽培しましょう。

シンパクの杉葉。

枝や根の強い切り込みをしたあとや、過湿、過乾など環境の変化によって杉葉が出やすくなります。

剪定
一度に多くの枝葉を切ると杉葉が出るので、切るのは半分以下に抑える。

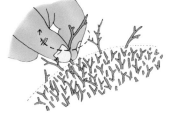

芽摘み
葉張りから飛び出した葉を、指先でひねって摘み取る。ハサミは使わないこと。

蝦夷松 えぞまつ

和名	アカエゾマツ		分布	北海道、本州北部
別名	シコタンマツ		分類	マツ科トウヒ属
英名	Sakhalin spruce		学名	*Picea glehnii*

盆栽でいう蝦夷松はアカエゾマツを指し、本州では岩手県の早池峰山のみに自生しています。矮性の八房種もあり、小品盆栽や石付き盆栽にも適しています。浅緑の芽出しは格別で、「常磐木の花」などといわれています。マツ類の中では葉が短小で小枝がよく分岐するので、小さな樹でも大樹を表現できる魅力的な盆栽樹種です。直幹、模様木、懸崖、文人木などほとんどの樹形に仕立てられます。

暑さ、寒さにやや弱いので、夏冬の管理には気をつけましょう。

置き場所

日当たりと風通しのよいところに置きます。夏は葉やけを起こさないように西日の当たらない半日陰、冬の乾燥や寒さにも弱いので、冬は風の当たらない軒下の日だまりなどに置きます。

水やり

乾燥を嫌うので、表土が少し乾いたらたっぷり水やりします。

芽摘み〈4〜5月〉

新芽の下葉が開き始めたら、まだ球状になっている芽先を指先でつまんで、途中から引き抜くように摘み取ります。強い芽は深めに、弱い芽は浅めに摘み取り、枝全体に力が配分されるようにします。

葉透かし〈9月〉

新梢の密生した部分は、9月に、1カ所2本を残して切り取ります。

植えかえと剪定〈3〜4月、10〜11月〉

2〜5年に一度植えかえます。植えかえ時にはクロマツやゴヨウマツ、シンパクなどに比べ、根の切り込みを少なめにします。

国風盆栽展や日本盆栽作風展にも出品された樹。広く世に知られた蝦夷松三幹の名品である。銘は「最果て」。
蝦夷松　高さ40㎝、幅60㎝。関野 正蔵

エゾマツの管理・手入れカレンダー

		1	2	3	4	5	6	7	8	9	10	11	12
置き場所		寒風の当たらない日だまり			屋外(日当たりのよい場所)			西日の当たらない場所			屋外(日当たりのよい場所)		
肥料					置き肥を月に1回					置き肥を月に1回			
作業				芽摘み					葉透かし				
		剪定・針金かけ								剪定・針金かけ			
		植えかえ								植えかえ			

杜松 <small>としょう</small>

和名	ネズミサシ	分布	本州、四国、九州
別名	ネズ、ムロ	分類	ヒノキ科ネズミサシ属
英名	Needle juniper	学名	*Juniperus rigida*

トショウはネズミサシの漢名です。葉が鋭くとがっていることから「ネズミサシ」と呼ばれます。産地などによる個体差が大きく、立ち性のもの、這い性のもの、葉が短くて芽が多く出る八房性のものなど、いろいろなタイプがあります。木質部が非常にかたく、樹皮がむけて木質部が白骨化してもなかなか腐朽しないので、シンパクとともに舎利幹や神が見どころとなる樹種です。

置き場所

日当たりのよいところに置き、冬は寒風の当たらないところで保護します。

水やり

水を好むので、表土が乾いたら頭から十分に水やりします。夕方の葉水も効果的です。

芽摘み〈5〜10月〉

春から次々と新芽が出てくるので、10月中旬までは芽摘みを繰り返し、小枝をふやします。新芽の先が開かないうちに、先を指で摘み取ります。枝を太らせたいときは芽摘みは控え、ある程度伸ばしておいてから、ハサミで芽のあるところから切り取ります。

芽かき〈5〜10月〉

1カ所からたくさんの芽が出ているところは、手でかき取って1カ所2本にします。

植えかえ〈4〜6月、9〜10月〉

2〜4年に1回植えかえます。芽が伸びているときは芽摘みをしてから植えかえます。

小枝透かし〈4〜5月・2〜4年に1回〉

小枝が密生して棚が厚くなり、見た目に重く感じられるようになったら小枝を透かしてやります。

樹高はわずか20cmであるが、迫力ある舎利が見どころの樹である。鉢映りもよい。
杜松　高さ20㎝、幅21㎝。苔聖園 漆畑信市氏 蔵

トショウの管理・手入れカレンダー

	1	2	3	4	5	6	7	8	9	10	11	12
置き場所	寒風の当たらない場所			屋外（日当たりのよい場所）							寒風の当たらない場所	
肥料			置き肥を月に1回						置き肥を月に1回			
作業	剪定・針金かけ		芽摘み・芽かき / 小枝透かし				植えかえ		剪定・針金かけ		植えかえ	

一位 いちい

和名	イチイ	分布	北海道、本州、四国、九州
別名	オンコ、アララギ	分類	イチイ科イチイ属
英名	Japanese yew	学名	*Taxus cuspidata*

雌雄異株で、雌木にはルビーのように透き通る小さな赤い実がつき、濃い緑色の照葉によく映えて美しく、松柏盆栽の中では特異な存在です。樹皮は赤褐色で、縦に浅く裂け、深山育ちらしい渋さに風格があり、愛好家に人気があります。樹形としては直幹、模様木、半懸崖、寄せ植えなどが多く見られます。材質がかたい樹ですが、若い苗木では幹も針金で曲づけすることができます。

置き場所

夏の強い日差しに弱い傾向があるので、真夏の間は寒冷紗で半日陰にするか、西日が当たらないところに置くのがよいでしょう。

芽摘み〈4〜6月〉

芽摘みで小枝をつくっていきます。葉が開き始めたら、樹勢に応じ、芽元を1/3〜1/2残して先を引き抜きます。強い芽は元から摘み取り、二番芽を伸ばします。

古葉抜き〈11月〉

秋に前年葉をすべて抜き取ると、葉の跡に新しい胴吹き芽が出てきます。翌年、葉が完全に開いてから先を切り詰めれば、枝の追い込みとともに、枝数をふやすことができます。

植えかえ〈3〜4月、9月〉

若木は3年に一度、成木は3〜5年に一度植えかえます。春の植えかえでは、若木、成木とも根先を1/3切り詰めます。根が細く傷みやすいので、無理な根ほどきは避けます。乾燥を嫌うので水はたっぷり与えましょう。

屈曲した幹に舎利が見え隠れしている。樹形がきれいにまとめられた半懸崖の作品。

一位 高さ23cm、幅37cm。
苔聖園 漆畑信市氏 蔵

イチイの管理・手入れカレンダー

	1	2	3	4	5	6	7	8	9	10	11	12
置き場所	屋外（日当たりのよい場所）						西日の当たらない場所			屋外（日当たりのよい場所）		
肥料			置き肥を月に1回					置き肥を月に1回				
作業	剪定・針金かけ		芽摘み					剪定・針金かけ		古葉抜き		
			植えかえ					植えかえ				

杉 すぎ

和名	スギ	分類	ヒノキ科スギ属
英名	Japanese cedar	学名	*Cryptomeria japonica*
分布	本州、四国、九州		

日本特産の樹種です。北は青森から南は屋久島まで広く分布しています。天を指す亭々とした姿は、スギならではの魅力です。赤褐色の樹皮は、樹齢が高くなると浅く裂け目ができて細長く剥がれるようになり、いっそう趣を深めます。「スギ」の名は幹がまっすぐに伸びるところからつけられたといわれるように、樹形も直幹が主ですが、株立ちや根連なりなども見られます。品種が多く、盆栽には枝が細かく葉も小さい「八房杉」も仕立てられています。

八房杉　高さ16cm、幅17cm。
宮川久男氏 蔵

置き場所

　日当たり、風通しのよいところに置きます。冬も屋外に置いてもかまいません。霜で葉が茶褐色になりますが、春になると元に戻ります。

芽摘み〈5〜10月〉

スギは成長が旺盛で、新芽が10月ごろまで伸びてきます。伸びてきたらそのつど芽摘みを行います。芽先を指でつまみ、元を少し残して摘み取ります。

小枝切り〈5〜10月〉

　芽摘みと同時に小枝を整理します。切り詰めるときは、残した部分の葉先を切らないよう、ハサミを枝に対して斜めに入れ、軸の部分だけを切ります。葉を切ると、切られた葉先が褐変して見苦しくなります。

植えかえ〈4〜5月、9月〉

　若木は2年に1回、成木は3〜5年に1回植えかえます。寒さや空気の乾燥に弱いので、植えかえは空中湿度の高い、暖かな日を選んで行うと安全です。

スギの管理・手入れカレンダー

	1	2	3	4	5	6	7	8	9	10	11	12
置き場所	屋外（日当たりのよい場所）											
肥料			置き肥を月に1回						置き肥を月に1回			
作業	剪定・針金かけ		芽摘み・小枝の整理									
			植えかえ						植えかえ			

105

檜、桧 ひのき

和名 ヒノキ	分類 ヒノキ科ヒノキ属
英名 Japanese cypress	学名 *Chamaecyparis obtusa*
分布 本州中部以南、四国、九州	

日本と台湾に分布する樹種で、日本では福島県以南で自生が見られます。最高級の建材として各地に植栽され、成長すると高さ30m以上になります。ヒノキの名前は、古代に火をおこすために使われたためともいわれます。いろいろな品種がありますが、小品盆栽には枝が細かく葉も小さい「八房檜」や、葉がちちこまったような「石化檜（せっかひのき）」が好まれます。樹勢は強く、まっすぐに伸びるので、直幹などの樹形に向きます。

三幹風の石化檜。三幹の石化檜づくりを目指して、幹が分かれている部分のすぐ下の皮を剥いで取り木をする予定。主幹の芯を立てかえれば、12cm程度の小品ができそうである。

石化檜
高さ20cm、幅12cm。
松井 孝蔵

置き場所

日当たり、風通しのよいところに置きます。スギと同様に、冬には葉が茶褐色になりますが、春になると元に戻ります。

水やり

水を好むので、土の表面が乾いたらたっぷり水やりします。

芽摘み〈5～9月〉

伸びすぎた部分を指で摘み取ります。

葉透かし、小枝切り〈9～10月〉

芽摘みだけだと葉が固まったようになるので、葉や小枝の混みすぎた部分は元から切り取り、日当たりと風通しをよくします。

植えかえ〈3～4月〉

若木は2年に1回、成木は3年に1回植えかえます。

ヒノキの管理・手入れカレンダー

	1	2	3	4	5	6	7	8	9	10	11	12
置き場所	屋外（日当たりのよい場所）						西日の当たらない場所			屋外（日当たりのよい場所）		
肥料			置き肥を月に1回						置き肥を月に1回			
作業		剪定・針金かけ		芽摘み					葉透かし・小枝切り			
			植えかえ									

モントレー糸杉'ゴールドクレスト'

和名	モントレーイトスギ	分類	ヒノキ科イトスギ属
英名	Monterey cypress	学名	*Cupressus macrocarpa* cv.'Goldcrest'
分布	北アメリカ南部		

一般に"コニファー"と呼ばれる外国産の針葉樹の小苗が、観葉植物としてたくさん出回っています。ホームセンターなどでも比較的安価で入手できるので、それらを盆栽として仕立ててみるのもおもしろいでしょう。多くの種類がありますが、よく見かけるのが'ゴールドクレスト'と呼ばれるモントレー糸杉の黄金葉品種です。黄色みがかった明るい葉色が特徴で、細かい枝が密生して円錐状に育ちます。樹形づくりは難しいので、寄せ植えなどにして楽しむのがよいでしょう。

モントレー糸杉 'ゴールドクレスト'の
寄せ植え。
高さ35cm、幅30cm。
松井 孝蔵

置き場所
日当たり、風通しのよいところに置きます。暑さに弱いので、夏は風通しのよい日陰で育てます。冬も屋外で大丈夫ですが、北風を防ぐとよいでしょう。

水やり
水ぎれを嫌いますが過湿には弱いので、土の表面が乾いたら十分に水やりします。特に夏は過湿に注意します。

芽摘み〈5〜9月〉
伸びてきた芽先を指で摘み取ります。

植えかえ〈3〜4月、9〜10月〉
若木は2年に一度、成木は3年に一度植えかえます。

仕立て直し
苗木の成長は遅いので手間がかかりません。伸びすぎた株は主幹を途中で切り戻し、側枝を立てて芯の立てかえをするか、挿し木で苗を育てて株を更新します。

モントレー糸杉の管理・手入れカレンダー

	1	2	3	4	5	6	7	8	9	10	11	12
置き場所	屋外(日当たりのよい場所)						風通しのよい涼しい半日陰			屋外(日当たりのよい場所)		
肥料				薄い液肥を月に1回					薄い液肥を月に1回			
作業		剪定・針金かけ		芽摘み						剪定・針金かけ		
		植えかえ					植えかえ					

紅葉 もみじ

和名	イロハモミジ、ヤマモミジなど	分類	ムクロジ科カエデ属
英名	Japanese maple	学名	*Acer* spp.
分布	北海道、本州、四国、九州		

秋に美しく紅葉する日本の秋を代表する樹木で、広く親しまれています。一般に「モミジ（紅葉）」というとカエデ属の植物を指しますが、盆栽の世界ではイロハモミジやヤマモミジのように葉の切れ込みが多く、深裂しているものを「モミジ」と呼んでいます。葉色や葉形のさまざまな多くの品種も作出されています。樹性は強健で、あらゆる樹形に仕立てられ、株立ちや寄せ植えにも好適です。春の新緑、秋の紅葉、冬木立の枝など、四季折々に美しい姿が楽しめます。

樹高20cm程度の小品であるが、晩秋には見事な紅葉を観賞することができる。モミジは春の芽出し、夏の涼味、秋の紅葉、冬の閑雅な景色など、四時に異なる風情が楽しめる樹でもある。

紅葉　高さ23cm、幅31cm。
関野 正蔵

三幹の文人木。はさみづくりで、
自然味の強い樹に仕上がっている。

紅葉　高さ75cm、幅50cm。
関野 正蔵

太くて短い幹はまるでタケノコのようであ
るが、迫力があって魅力的な樹形でもある。

紅葉　高さ10cm、幅8cm。関野 正蔵

紅葉　高さ20cm、幅30cm。
関野 正蔵

紅葉　高さ33cm、幅40cm。
関野 正蔵

紅葉　高さ20cm、幅20cm。佐野嘉彦氏 蔵

多くの幹と枝とが調和した小さな紅葉
林が一鉢の株立ちによって表現されて
いる。冬木立の中を、落ち葉を踏みし
めながら歩いている自分が盆上にいる
という錯覚を起こしそうな一鉢である。

紅葉　高さ42cm、幅63cm。
関野 正蔵

紅葉　高さ42cm、幅63cm。
関野 正蔵

紅葉　高さ17cm、幅12cm。
関野 正蔵

紅葉　高さ11cm、幅14cm。
関野 正蔵

モミジの育て方、仕立て方

樹勢が強く丈夫な樹種で、栽培上は特に問題となることはありません。徒長枝が伸びやすいので、芽摘みを繰り返して節間の詰まった小枝の多い樹にしましょう。また、葉刈りを行って小さな葉を出させるようにします。美しい紅葉を楽しむには、夏に葉やけを起こさないようにすることと、葉刈りで薄い葉を出させるようにすることが大切です。

手入れのポイント

芽摘み〈3〜9月〉
芽摘みで小枝をふやします。春先に芽がほころんできたら、葉が開く前にピンセットで芽を開いて芯芽を抜き取ります。

葉刈り〈5〜6月〉
クロマツやアカマツの芽切りにあたるのが葉刈りで、小さなそろった葉を出させるために行います。葉が出そろったころに、すべての葉（葉身）を葉柄から切り落とします。

芽かき〈3〜9月〉
モミジは樹勢が強く、不定芽が多く出るので、不要なものは早めに摘み取っておきます。特に、樹冠部分に多くの不定芽が出ます。

葉透かし
葉が混んできたら、大きな葉を選んで切り取り、日当たり、風通しをよくします。

置き場所

●半日陰でもよく育ちます

日当たりと風通しのよい場所で育てますが、半日陰でもよく育ちます。美しい紅葉を楽しむためには葉やけさせないことが大切なので、夏は半日陰で育てます。

春 日当たりと風通しのよい場所で育てます。冬の間保護していた株も、新芽が動きだしたらひなたに移動させます。

夏 葉やけを防ぐために、梅雨明けから8月までは半日陰に置きます。西日も防ぎましょう。作場の上に50％遮光の寒冷紗などを張るのもよいでしょう。

秋 日当たりと風通しのよい場所で育てます。

冬 寒さには強いのですが、小枝が密生している樹は寒風に当てると乾燥して細い枝が枯れてしまうことがあります。北風の当たらない場所で保護しましょう。葉が落ちているので、日当たりは必要ありません。

水やり

●夏の水ぎれに注意します

モミジは水を好むので、表土が乾きかけたらたっぷりと水やりしましょう。特に夏場は、水ぎれを起こすと葉先が枯れて美しい紅葉が楽しめなくなるので注意が必要です。こまめに観察して水やりしましょう。冬は2〜3日に1回で大丈夫です。

肥料

●与えすぎに注意します

成木は春と秋に1回ずつ、置き肥を与えるだけで十分です。肥料を与えすぎると枝が太くなり、繊細さがなくなります。

植えかえ

●1〜2年に1回植えかえます

若木は毎年、成木は2年に1回植えかえます。適期は主に3月と5〜6月です。

日当たりと風通しのよい場所に置く。

モミジの管理・手入れカレンダー

	1	2	3	4	5	6	7	8	9	10	11	12
置き場所	寒風の当たらない場所			屋外（日当たりのよい場所）			半日陰			屋外（日当たりのよい場所）		
水やり	2～3日に1回			1日に1回			1日に1～2回			1日に1回		2～3日に1回
肥料				置き肥を1回				置き肥を1回				
作業				芽摘み・新梢切り・芽かき								
					葉刈り							
	剪定・針金かけ			剪定・針金かけ						剪定・針金かけ		
植えかえ												

芽摘み

●ピンセットで芽を開いて芯芽を抜き取ります

　春から伸びる新芽をそのままにしておくと、勢いよく伸び出して節間が長くなります。春先に芽がほころんできたら、葉が開く前にピンセットで芽を開いて芯芽を抜き取ります。枝をつくりたい場合は、新梢が4～5節伸びるまで待って、1～2節残して先を摘み取ります。

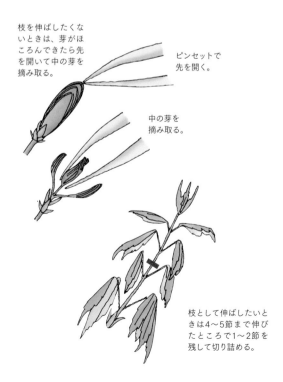

枝を伸ばしたくないときは、芽がほころんできたら先を開いて中の芽を摘み取る。

ピンセットで先を開く。

中の芽を摘み取る。

枝として伸ばしたいときは4～5節まで伸びたところで1～2節を残して切り詰める。

葉刈り

●すべての葉を切り取ります

　葉が出そろったころ（5～6月）、すべての葉（葉身）を葉柄から切り落とします。このとき、不要な枝や徒長枝を剪定して樹形を整えておきます。葉刈りは樹に与える負担が大きいので、2回に分けて行うこともあります。

葉（葉身）を葉柄から切り取る。手で摘み取ってもよい。

半分くらいの葉を切り取り、残りの葉は1カ月後くらいに切り取ります。なお、元気のない樹は葉刈りをしないか、樹冠や強い枝の葉だけを切り取るようにします。

葉透かし

●葉が混んできたら随時行います

　葉が多くて樹の中心部に日が当たらなくなったり、風通しが悪くなったりした場合は葉透かしをしましょう。大きな葉を選んで切り取り、余計な枝があれば切り取ります。葉透かしは、葉が混んできたら随時行います。

剪定と針金かけ

●枝が折れやすいので注意

　初夏の葉刈り後（5～6月）と10～11月、または芽出し前の2～3月に、不要な枝を切り取って樹形を整えます。剪定と同時に、若い枝に針金をかけて樹形を整えます。モミジは樹がかたく、古くなった太い枝は無理に曲げようとすると折れてしまうので注意しましょう。

モミジの芽摘み〈3〜9月〉

　3月中旬くらいから芽が動きだし、葉が展開してきます。伸びる新芽をそのままにしておくと、勢いよく伸び出して節間が長くなるので、芽摘みをして節間の詰まった短い枝を出させましょう。芽がほころんできたら、葉が開く前にピンセットで芽を開いて芯芽を抜き取ります。葉が開いてしまった芽も、葉2枚を残し、新芽を摘んでおきます。やがて残しておいた葉の葉腋から二番芽が出てきます。この二番芽も同様に芽摘みをすると、さらに節間の詰まった短い枝になります。

　モミジは、生育期間中は次々と新芽が伸びてくるので、こまめに芽摘みをして樹形を整えましょう。

　なお、枝を伸ばしたい場合は、芽摘みをせず、新梢が4〜5節伸びるまで待って、1〜2節を残して先を摘み取ります。

1

葉が開く前の芽。早めに芽摘みをするのがよい。

2

ピンセットで2枚の葉を広げ、中心にある芽を摘み取る。

3

新芽が開くと、2枚の葉の間から次の葉が出てくる。

4

葉2枚を残し、芽先をつまんで引き抜く。小さくて持ちにくいときは、ピンセットを使う。

5

芽先を摘み取ったところ。

6 枝を伸ばしたい場合は、新梢を伸ばしてから枝先を切り取る。

モミジの葉刈り

　春に出る葉は大型で、大きさもふぞろいになりますが、これを一度すべて刈り取ってやると、小さなそろった葉が出てきます。この葉は薄く、きれいに紅葉するので、美しい紅葉を楽しむためにも、ぜひ行いたい作業です。1回ですべての葉を切り取ることもありますが、2回に分けて行うこともあります。2回に分けて行うと樹への負担を軽くすることができます。まず、半分くらいの葉を切り取り、残りの葉は1カ月後くらいに切り取ります。

　葉刈りは、樹に与える負担が大きいので、樹の状態によっては、樹冠や強い枝だけを切り取ることもあります。また、これから大きくしたい若木や苗木、元気のない樹は、葉刈りは行わないようにします。このとき、不要な枝や徒長枝を剪定して樹形を整えておきます。

葉（葉身）を手でつまんで摘み取る。ハサミで葉柄から切り取ってもよい。

春の葉が出そろった状態のモミジ。

まず半分くらいの葉を摘み取る。残った葉柄は自然に落ちるのでそのままにしておいてよい。このとき、長く伸びた枝も切っておく。元気のない樹は、これくらいですませておく。

元気のよい樹では、2回目の葉刈りを行い、前回残した葉を切る。少しくらいなら残っていても問題はない。枝がよく見えるようになるので、この機会に剪定や針金かけなどを行ってもよい。

モミジの成木の剪定

　剪定は5〜6月の葉刈りの際にも行うことができますが、10〜11月に行うのが一般的です。まず、枯れ枝や忌み枝を切り取り、徒長枝や目的の樹形の輪郭からはみ出した枝を切り取ります。上に伸びる枝は切り取るか、針金をかけて横に伸ばします。モミジは葉が対生し、各節から2本の枝が出て三つ叉になりやすいので、三つ叉のところはどれかを切って二叉にします。

モミジの成木の冬の姿。剪定は枝のよく見える落葉期に行うのがよい。この樹は枝も細やかで特に手を入れることもないので、伸びすぎた枝や不要な枝を切るだけでよい。

伸びすぎた枝や徒長枝を枝元から切る。枝先が三つ叉になっているところは、どれかを切って二叉にする。

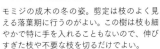

剪定後の姿。今季はこのままでよいが、樹形ができていない樹は針金をかけて枝を整えるとよい。

モミジの
若木の剪定

　モミジは芽吹きがよいので、好きな形に仕立てやすい樹です。若木のうちは、多くの枝の中から将来どの枝を伸ばしたいのかを考えながら剪定をしましょう。

樹を太らせるために、芽摘み、葉刈りなどを行わず、枝を伸ばしたモミジの若木。

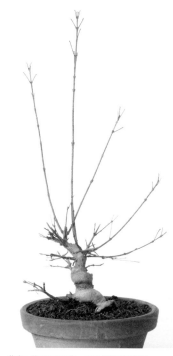

芽出し前の2月下旬～3月が剪定の適期。

不要な枝は芽の上で切る。

徒長枝も芽の上で切る。

横に伸びる枝も芽の上で切る。できるだけ横を向いた芽の上で切る。
モミジは葉が対生（1カ所から2枚ずつが対になって出る）なので、新芽も枝の左右に出る。新芽の出る方向はほぼ90度ずつ変わるので、前後に出る芽の次は左右に出る。

剪定後の状態。もう少し幹を太らせたいので、芽摘みや葉刈りなどはせずに育てる。

楓 _{かえで}

和名	トウカエデ	分類	ムクロジ科カエデ属
英名	Trident maple	学名	*Acer buergerianum*
分布	中国		

普通にカエデというと、モミジの仲間も含まれますが、盆栽でいうカエデは主に中国原産のトウカエデ（唐楓）です。わが国には古い時代から移入され、庭木や街路樹などとして身近に親しまれています。樹皮は灰褐色で平滑、枝葉は対生し、葉の上部は3裂します。春の芽出し、夏の緑葉、秋の黄葉・紅葉、冬の寒樹の姿と、四季折々の風情が楽しめる雑木です。樹性は強健で、枝や幹の深い切り込みに耐え、切り口の肉巻きも早く、持ちくずしたものでもつくりかえが容易で、あらゆる樹形づくりが可能です。

緩やかに弧を描いて立ち上がる幹は太くてたくましく、剛毅なさまをあらわしている。見事な枝配りと小枝の細かさからも培養の古さが伝わってくる。老大樹の風格を感じさせる佳品である。

楓　高さ46cm、幅50cm。
関野 正蔵

118

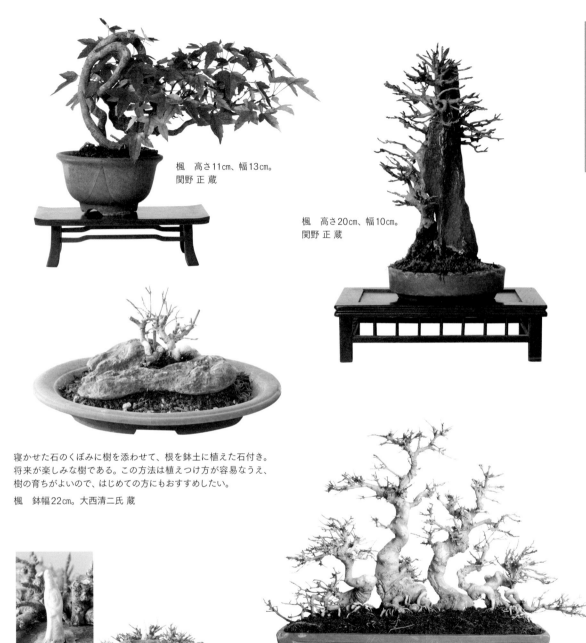

楓　高さ11cm、幅13cm。
関野 正 蔵

楓　高さ20cm、幅10cm。
関野 正 蔵

寝かせた石のくぼみに樹を添わせて、根を鉢土に植えた石付き。
将来が楽しみな樹である。この方法は植えつけ方が容易なうえ、
樹の育ちがよいので、はじめての方にもおすすめしたい。

楓　鉢幅22cm。大西清二氏 蔵

楓
高さ20cm、
幅17cm。
大西清二氏 蔵

寄せ植え。一鉢ずつ培養してきた半完成品の樹
5本を寄せ植えにしたもので、将来それぞれが合
体して豪壮な樹形が形成されるものと期待され
ている。このような寄せ植えは関野正によって創
作された新樹形のひとつでもある。

楓　高さ20cm、幅42cm。関野 正 蔵

楓
上下6cm、幅13cm。
茂木啓介氏 蔵

楓　高さ16cm、幅14cm。関野 正蔵

楓
高さ9cm、
幅10cm。
関野 正蔵

楓　高さ17cm、幅10cm。関野 正蔵

楓　高さ11cm、幅14cm。
広瀬 清氏 蔵

楓　高さ22cm、幅33cm。
関野 正蔵

楓　高さ10㎝、幅14㎝。関野 正 蔵

この樹は石に付けてからすでに80年が経過している。その間、植えかえはしていない。的確な培養技術によって管理されているからとはいえ、今日まで石と樹との絶妙なバランスが保たれていること自体、大きな驚きである。楓石付き盆栽の至宝といえる。

楓　上下27㎝、幅32㎝。関野 正 蔵

楓　高さ21㎝、幅16㎝。茂木啓介氏 蔵

寄せ植え。ほぼ同じ太さの樹が寄せ植えされたもので、入り組んだ根の一部は互いに接着し始めている。枝先も細かく分かれて美しい樹冠を形成している。現時点でも価値の高い樹であるが、将来、根元が合体したときは、どのような姿形になるのだろうかと想像するだけでもわくわくする。

楓　高さ16㎝、幅30㎝。宮川久男氏 蔵

楓　高さ20㎝、幅36㎝。
関野 正 蔵

カエデの育て方、仕立て方

樹勢が強く丈夫な樹で、基本的にはモミジと同様の管理で育てられます。芽摘み、葉刈りを繰り返して、葉が小さく、節間の詰まった小枝の多い樹にしましょう。美しい紅葉を楽しむには、夏に葉やけを起こさないようにすること、葉刈りで薄い葉を出させることが大切です。

手入れのポイント

芽摘み〈4～9月〉
9月ごろまで芽摘みを繰り返します。新葉が4枚になったら芯芽を摘みます。

芽かき〈4～9月〉
不要な不定芽は見つけしだい、かき取ります。

葉刈り〈6月〉
6月に、すべての葉（葉身）を葉柄から切り取ります。

葉透かし
葉が混んできたら、大きな葉を選んで切り取って日当たり、風通しをよくします。

置き場所

●冬は北風の当たらないところに置くと安心です

日当たりと風通しのよい場所で育てますが、寒風に当てると乾燥で細い枝が枯れてしまうことがあるので、北風の当たらない場所で保護するとよいでしょう。

春 日当たりと風通しのよい場所に置きます。冬の間保護していた株も、新芽が動きだしたらひなたに移動させます。

夏 葉やけさせると美しい紅葉が楽しめなくなります。梅雨明けから9月半ばまでは半日陰に置き、葉やけを防ぎましょう。西日も防ぎます。作場の上に50%遮光の寒冷紗などを張るのもよいでしょう。

秋 日当たりと風通しのよい場所で育てます。

冬 寒さには強いのですが、小枝が密生している樹は寒風に当てると乾燥で細い枝が枯れてしまうことがあります。北風の当たらない場所で保護しましょう。葉が落ちているので、日当たりは必要ありません。

水やり

●水はたっぷり与えます

カエデは水を好みます。鉢土の表土が乾いたら十分に水を与えましょう。水ぎれを起こすと葉が傷み、秋の紅葉が美しくなくなります。

肥料

●与えすぎに注意します

肥料を与えすぎると徒長枝が多くなり、樹形を乱してしまいます。成木は、春と秋に1回ずつ、置き肥を与えるだけで十分です。

芽かき

●不要な不定芽は早めに取り除きます

カエデは芽吹きがよく、幹や枝元、枝分かれ部分などによく芽が出ます。このような芽を不定芽と呼びますが、これらは見つけしだい、かき取ります。ただし、新しく枝をつくりたいところに出た不定芽は、大切に伸ばします。

カエデの管理・手入れカレンダー

	1	2	3	4	5	6	7	8	9	10	11	12
置き場所	寒風の当たらない場所			屋外（日当たりのよい場所）			半日陰		屋外（日当たりのよい場所）			
水やり	2～3日に1回			1～2日に1回			1日に1～2回			1～2日に1回		
肥料				置き肥を1回				置き肥を1回				
作業				芽摘み・新梢切り・芽かき								
						葉刈り						
		剪定・針金かけ				剪定・針金かけ						
植えかえ												

葉が混んできたら、随時、葉透かしを行うとよい。

幹や枝を太らせたい若木などは、不定芽を伸ばして葉をつけさせることもある（左の2本）。そのままにしておくと樹形を乱すので、冬の剪定時には切り取っておく。

葉透かし

●葉が混んできたら随時行います

　葉が多くなり、樹の中心部に日が当たらなくなったり、風通しが悪くなったりした場合は、大きな葉を選んで切り取る葉透かしを行い、日当たり、風通しをよくします。同時に、余計な枝があれば切り取ってもよいでしょう。葉透かしは葉が混んできたら随時行います。

植えかえ時に根を整理して、きれいな根張りをつくる。

植えかえ

●根張りをきれいに整えます

　根の生育は旺盛です。若木は毎年、成木は2～3年に一度植えかえます。時期は芽出し前の2月下旬～3月か、新芽が出そろった5～6月が適期です。カエデは、根と根が合体した盤根など、根張りが魅力のひとつです。根張りの整理が植えかえ時のポイントです（42ページ参照）。

剪定と針金かけ

●枝折れに注意します

　芽出し前の2月下旬～3月に不要な枝を切り取って樹形を整えます。5～6月の葉刈り後に、伸びすぎた枝を切り取るのもよいでしょう。剪定と同時に、若い枝に針金をかけて樹形を整えます。カエデは樹がかたく、古くなった太い枝は無理に曲げようとすると折れてしまうので注意しましょう。

カエデの芽摘み

●9月ごろまで芽摘みを繰り返します

カエデは芽吹きがよいので、9月ごろまで次々と新芽が出ます。繰り返し芽摘みをして徒長を防ぎ、枝数をふやしましょう。新芽が伸びて新葉が4枚になったら芯芽を摘みます。枝として生かしたいときは芽摘みをしないで伸ばし、伸びが止まったら1～2節を残して切り詰めます。

カエデの芽出しの状態。2枚の葉が開き、その間からさらに2枚の葉が出てきたところ。

2枚の葉を残し、中央の葉（芽）を切り取る。手で摘み取ってもよい。

芽摘みをしたところ。やがてまた芽が出てくる。

葉を多くしたいときは、新葉が4枚開いたら芯の芽を摘む。

枝として伸ばしたいときは芽摘みをしないで伸ばし、伸びが止まったら1～2節を残して切り詰める。

葉刈り

●元気な樹は6月に葉刈りをします

　元気で樹勢のある樹は、6月に葉刈りをすると葉が小さくなり、小枝をふやすことができます。ただし、ほかの樹種と同様に、樹勢の弱った樹は葉刈りをするのをやめるか、一部だけの葉刈りに抑えます。

葉柄をハサミで切る。

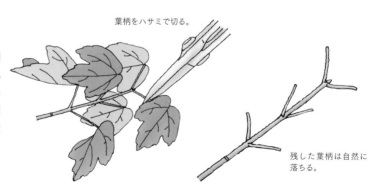

残した葉柄は自然に落ちる。

カエデの
成木の剪定

●伸びた枝を切り詰めて
　樹形を維持しましょう

　カエデは成長が盛んなので、ほうっておくと樹形が乱れがちです。形ができた成木は、剪定時に長い枝を切り詰めて樹形を維持しましょう。枝が混み合っている部分は、枝元から切り取って枝数を少なくします。

落葉が始まった石付きのカエデ。剪定は葉が落ちてからでよいが、早めに作業をしたいときは、葉を刈り取る。

葉を刈り取ったところ。特に石付きは、枝が伸びすぎると石を隠してしまうので、こまめに剪定することが大切。

芽摘みや葉刈りが適切に行われているため、小枝がたくさん出ている。

長く伸びた枝を切って、樹形を整える。カエデは芽吹きがよいので、どこで切っても芽が出てくる。枝が混んでいるところは、枝元まで切り戻す。

剪定が終わった状態。北風の当たらないところで管理するとよい。

125

欅 <small>けやき</small>

和名	ケヤキ	分類	ニレ科ケヤキ属
英名	Japanese zelkova	学名	*Zelkova serrata*
分布	本州、四国、九州		

各地に自生し、公園や街路樹、屋敷林などに植えられて、大木を目にすることも多い、おなじみの樹木です。空に向かって大きく枝を広げた姿は雄大で、盆栽でもそれをまねた「ほうき仕立て」が主流です。春の芽出しから夏の緑葉、秋の褐葉、落葉後の寒樹のさまと、一年中楽しめ、特に冬枯れに小枝を広げている姿はケヤキ独特な優美さです。樹性が強健で、切り込みにもよく耐え、萌芽力が強く、成長も早いので、ほうき仕立てのほか、株立ちや寄せ植えなどにも向き、短期間で盆栽に仕立てられます。

力強い根張りとしっかりと立つ幹、枝先の細さなどから持ち込みの古さが感じられる。鉢との調和も申しぶんない。

欅　中野喜美江氏 蔵（第23回秋雅展）

欅　高さ50cm、幅50cm。関野 正蔵

欅　高さ50cm、幅40cm。関野 正蔵

欅　高さ70cm、幅40cm。
関野 正蔵

ケヤキの育て方、仕立て方

丈夫な樹ですから育てること自体は難しくありませんが、美しい樹形を保とうとするとなかなか大変です。モミジやカエデなど、ほかの雑木にもいえることですが、春から秋まで繰り返し芽摘みを行い、節間が詰まってよく分岐する細かい枝先をつくることが大切です。こまめな剪定も大切で、年に3回くらい、輪郭線に合わせて飛び出した枝を切って樹形を整えます。

手入れのポイント

芽摘み〈4〜9月〉
春先から9月ごろまで次々と新芽が出てきますから、繰り返し芽摘みを行って細かい枝をつくります。

芽かき
枝元などに不定芽をよく出します。不要な芽は見つけしだい、かき取ります。

葉刈り〈6月〉
葉をすべて刈り取って二番芽を出させ、小枝をふやし、小さな葉を出させます。

剪定〈3月、5〜6月〉
葉刈りのあとと、葉刈り後に葉が出そろったころに、樹冠の線から飛び出す徒長枝を切り取って樹形を整えます。

葉透かし
葉が茂ってきたら大きな葉を選んで切り取り、日当たり、風通しをよくします。

置き場所

●全体をまんべんなく日に当てましょう

春から秋は日当たりと風通しのよいところに置きます。ほうき仕立ての樹は成長が偏らないようにすることが大切。ときどき鉢を回して向きを変え、各面に均等に光が当たるようにしましょう。

春 屋外の日当たりと風通しのよいところに置きます。日照が不足すると葉が間延びすることがあるので注意します。

夏 半日陰に置くか、50%くらい遮光して葉やけを防ぎます。西日にも当てないようにします。

秋 日当たりと風通しのよい場所で管理します。

冬 小枝の密生した成木などは、冬は寒風の当たらないところで保護して、枝枯れを防ぎます。

水やり

●春先の水ぎれに注意します

ケヤキは水を好みます。鉢の表土が乾いてきたらたっぷりと与えましょう。特に春の芽出し時は乾きが早いので、水ぎれさせないように注意しましょう。ただし、与えすぎると徒長するので注意が必要です。夏は夕方に葉水を与えると葉を美しく保って、褐葉もきれいになります。

肥料

●春は肥料を控えます

春に肥料を与えると枝が伸びて樹形が乱れるので、肥料は夏から秋にかけて与えるようにします。葉刈りが終わったころから、月に1回置き肥か薄い液肥を与え、枝を充実させます。

新葉が伸びたケヤキ。伸びた枝は基部の2〜3葉を残して、先を指で摘み取る。

ケヤキの管理・手入れカレンダー

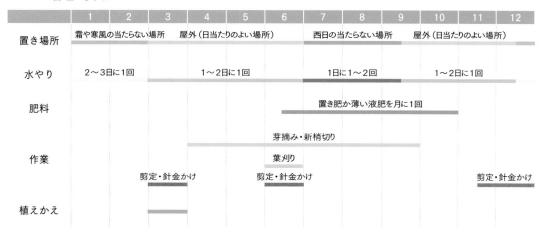

	1	2	3	4	5	6	7	8	9	10	11	12
置き場所	霜や寒風の当たらない場所			屋外(日当たりのよい場所)			西日の当たらない場所			屋外(日当たりのよい場所)		
水やり	2~3日に1回			1~2日に1回			1日に1~2回			1~2日に1回		
肥料						置き肥か薄い液肥を月に1回						
作業				芽摘み・新梢切り								
						葉刈り						
		剪定・針金かけ			剪定・針金かけ					剪定・針金かけ		
植えかえ			植えかえ									

植えかえ

●毎年植えかえます

根がよく伸びるので、若木、成木とも毎年植えかえをします。芽がほころび始める3月が適期です。新芽が固まる梅雨期も可能です。ほうき仕立てのケヤキは根張りが見どころのひとつです。植えかえ時に太い根や絡んだ根を整理して、八方に伸びる美しい根張りをつくりましょう。

剪定

●こまめに剪定して樹形を整えましょう

ケヤキはこまめに剪定して樹形を整えることが大切。6月の葉刈りのあとと、葉刈り後に葉が出そろったころに、樹冠の線から飛び出す徒長枝を切り取って樹形を整えます。冬の落葉期は枝がよく見えるので剪定のチャンス、芽出し前の3月には、横枝や立ち枝などの放射状に伸びない枝、逆向きに伸びた枝や伸びすぎた枝などを切り取って、樹形を整えます。

針金かけ

●成木には針金はかけない

若木には主な枝には針金をかけて、枝が均等に放射状に伸びるよう整えてやります。時期は葉の落ちた冬がよいでしょう。ある程度樹形ができてからは、針金かけは行わず、剪定で樹形を整えていくのがよいでしょう。

芽かき

●不定芽は見つけしだいかき取ります

枝元などに不定芽をよく出します。不要な芽は見つけしだい、かき取ります。小さいうちに指のはらでなでるようにすると簡単にとれ、痕も残りません。

葉透かし

●葉がふえすぎたら間引きます

ケヤキは葉が多いので、葉が茂ると樹の中心に日が当たらなくなり、風通しも悪くなります。葉を切り取る葉透かしを行い、日当たり、風通しをよくしましょう。余計な枝や徒長枝も切り取りましょう。葉が混んできたら随時行います。

ケヤキは、樹によって、枝が立ち上がりやすいもの、横に伸びるものなど、いろいろな性質のものがある。ほうき仕立てにするには、枝が放射状に伸びる樹を選んで使うと、あとの管理も楽で美しい樹形に仕立てられる。実生から育てるときなどは、よい性質の苗木を選んで残すようにする。また、ほうき仕立ては分枝が二又になっているのが基本。苗を選ぶときも、最初の枝分かれがきれいに二又になっているものを選ぼう。

ケヤキの芽摘み〈4〜9月〉

●9月まで随時、芽摘みをします

　伸びる新芽をそのままにしておくと、勢いよく伸び出して節間が長くなります。節間の詰まった短い枝を出させるために行うのが芽摘みです。ケヤキの新芽は春先から9月ごろまで次々と伸びてきますから、そのつど芽摘みを行います。新芽が伸びて葉が5〜6枚になったら、基部の葉2〜3枚を残して先を指で摘み取ります。葉腋から芽が伸びてきたら、それも同様に芽摘みをします。

新芽が伸びて葉が5〜6枚になったら、基部の葉2〜3枚を残して先を指で摘み取る。

ケヤキの若木。新芽が伸びてきたら芽摘みを行う。

芽摘み後の若木。長く伸びた芽は深めに切って、樹形を整える。

ケヤキの葉刈り〈6月〉

●6月に葉をすべて切り取ります

　小枝をふやし、小さなそろった葉を出させるために行うのが葉刈りです。新葉が固まる6月に、樹勢のよい樹では葉をすべて切り取ります。手で葉柄から摘み取るか、ハサミで基部1／10くらいを残して切り取ります。やがて葉腋から新芽が出てきます。肥培管理のよい若木では、二番芽が伸びたら二度目の葉刈りをすることもできます。元気のない樹では、樹勢の強い頂部だけを葉刈りすることもあります。弱った樹や太らせたい樹などは、葉刈りを行わないようにします。

葉が固まったらすべての葉を摘み取る。

ハサミで切るときは、葉の基部1／10くらいを残して切る。

残った部分は自然に落ちる。やがて二番芽が伸びてくるので、春と同様に芽摘みする。

ケヤキの仕立て方

●芽摘みと葉刈りで太枝を出さないようにします

　ケヤキは模様木などにも仕立てられますが、やはりほうき仕立てがいちばんケヤキらしさが出て好まれます。ほうき仕立てでは、幹から枝先に向かって徐々に枝が細くなることが大切ですから、芽摘みと葉刈りを繰り返して太枝を出さないようにします。ケヤキは生育が早く、少し油断するとすぐに徒長枝が伸びてきますから、見つけしだい切り詰めて枝が太くならないようにしましょう。生育期間中は常に新芽が伸びてきますから、常に注意して芽摘みを行うようにします。

実生3年目くらいのほうき仕立てのケヤキ。ケヤキは実生から2〜3年あれば骨格ができるので、試してみるのがおすすめ。芽摘みと葉刈りを繰り返して分岐を促し、細い枝をたくさんつくるのがポイント。

小苗のうちは、落葉期に樹全体を針金で軽く縛っておくと、横に広がった枝を矯正できる。
芽出し前には忘れずに針金をほどくこと。

若木のうちに、主な枝に針金をかけてバランスよく配置する。大体の形ができたら、以後は針金をかけず、剪定で樹形をつくっていく。

美しいほうき仕立ての欅。
李 在哲氏 蔵
（第23回秋雅展）

131

小楢 <small>こなら</small>

和名	コナラ	分類	ブナ科コナラ属
英名	Konara oak	学名	*Quercus serrata*
分布	北海道、本州、四国、九州		

日本の雑木林を構成する代表的な樹種のひとつで、春の芽吹き、初夏の新緑、秋の紅葉（褐葉）、果実（ドングリ）と、四季折々の姿を楽しませてくれます。盆栽としてのコナラは春と秋の風情が特に観賞価値が高く、銀鼠色に輝く芽吹き、ドングリをつけた葉姿は見事ですばらしいものです。樹形としては、自然風な模様木や文人木が一般的ですが、強健で小枝もよく分岐するので、いろいろな樹形に仕立てることができます。よく似た樹にミズナラがありますが、コナラのほうが葉が小さく形もよいので、盆栽向きといえます。

小楢　高さ25cm、幅28cm。関野 正蔵

文人木には小楢がよく映える。新緑から緑葉、さらに紅葉へと移ろう葉色の変化も楽しめる。ひらひらと小刻みに、そして急に向きを変えてまたひらひらと舞う胡蝶の軌跡を再現したかのような樹形である。曲づくりの妙。

小楢　高さ25cm、幅25cm。関野 正蔵

コナラの管理・手入れカレンダー

	1	2	3	4	5	6	7	8	9	10	11	12
置き場所	日だまりの軒下		屋外（日当たりのよい場所）				西日の当たらない場所		屋外（日当たりのよい場所）			
水やり	2〜3日に1回		1〜2日に1回				1日に1〜2回		1〜2日に1回			
肥料					置き肥を1回			置き肥を1回				
作業				芽摘み								
					葉刈り							
		剪定・針金かけ			剪定・針金かけ							
植えかえ												

コナラの育て方、仕立て方

丈夫で育てやすい樹です。成長が早いので、樹形を維持したい場合は、2〜3年に1回は追い込み剪定をして樹を小さくします。根も太りやすいため、2年に1回は植えかえをします。ドングリを拾ってきて実生するのもおすすめです。1〜2年の実生苗でも、盆栽として楽しめます（51ページ参照）。

置き場所

●日当たりと風通しのよい場所に置きます

春と秋　日当たりと風通しのよい場所に置きます。

夏　西日の当たらない半日陰の場所に置き、葉やけを防ぎます。

冬　日当たりのよい暖かい軒下などに置き、北風を防ぎます。

水やり

●土が乾いてからたっぷりと

　乾燥には強い樹です。鉢土が乾いてからたっぷりと水やりしましょう。

肥料

●肥料は控えめに

　コナラは成長が早く、肥料を与えすぎると葉が大きくなるので、春と秋に1回ずつ置き肥を与える程度とします。

葉透かし

●夏前に大きな葉を切り取ります

葉が多くなってきたら、夏前に大きな葉を選んで切り取る葉透かしを行い、日当たり、風通しをよくしましょう。同時に、余計な枝や徒長枝も切ってやるとよいでしょう。

剪定

●枯れ枝や不要枝を切り取ります

　葉刈り後と冬の休眠期に、枯れ枝や樹形を乱す忌み枝などを切り取って樹形を整えます。また、コナラは成長が早く、すぐに大きくなるので、2〜3年に一度は枝を強く切り戻す「追い込み剪定」をして、樹を小さくするとよいでしょう。

植えかえ

●2年に1回植えかえます

　コナラは根がよく伸びるので、成木は2年に1回、若木は毎年植えかえます。芽がほころび始める3月が適期です。

手入れのポイント

芽摘み〈4〜6月〉
　芽摘みを行って細かい枝をつくります。新芽が伸びて葉が5〜6枚になったら、基部の葉2〜3枚を残して先を指で摘み取ります。葉腋から芽が伸びてきたら、それも同様に芽摘みをします。

葉刈り〈5〜6月〉
　新葉が固まる5〜6月に葉刈りをして、小枝をふやし、小さな葉を出させます。基部1／10くらいを残してハサミで切ります。

追い込み剪定〈2〜3月、2〜3年に一度〉
　2〜3年に一度は枝を強く切り戻します。

山毛欅 ぶな

和名	ブナ	分類	ブナ科ブナ属
英名	Japanese beech	学名	*Fagus crenata*
分布	北海道、本州、四国、九州		

各地の山地に自生する樹木で、白い幹が特徴です。若木のうちにはこの幹色が出ませんが、持ち込むに従って幹が白くなり、風情が増します。檜先のような新芽が綿毛にくるまれたようになり、徐々にほぐれて葉を開いていくさまは格別で、夏の緑葉も美しく、柿渋色の葉をつけた冬枯れの姿は野趣があり、ブナ独特の寂寥感をいだかせます。切り込みにもよく耐え、萌芽力も強い、盆栽としても丈夫で育てやすい樹で、単幹、双幹、株立ち、寄せ植えなどの樹形が見られます。

山毛欅の盆栽には直幹や株立ちが多く見られるが、この樹は捻転した幹が根元から立ち上がり、珍しい樹形を呈している。幹は斜め左に傾いているが、全体的なバランスがとてもよく、魅力的な樹形になっている。鉢映りもよい。

山毛欅
高さ16cm、幅14cm。
熊谷光雄氏 蔵

山毛欅
高さ18cm、幅13cm。
関野 正蔵

=================================
手入れのポイント
=================================

芽摘み〈4〜5月〉
　芽が開く前に芽摘みをします。芽が真綿のように伸びてきたときに基部の葉を2〜3枚残して先を指で摘み取ります。

葉切り〈7月〉
　小さな葉を出させるために、新葉が固まったらすべての葉を1／10ほど残して切り取ります。小さな樹や元気のない樹は、葉を半分ほど残して切り取ります。

枯れ葉取り〈11〜3月〉
　ブナの葉は枯れても落ちることがなく、いつまでも樹についています。冬の剪定の前には枯れ葉を摘み取って枝ぶりがよく見えるようにしましょう。

ブナの管理・手入れカレンダー

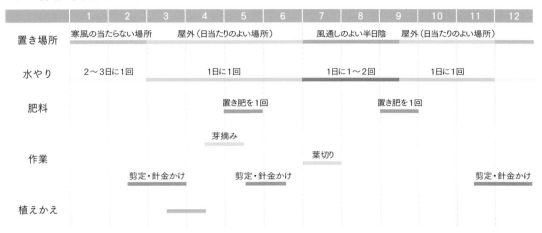

	1	2	3	4	5	6	7	8	9	10	11	12
置き場所	寒風の当たらない場所			屋外（日当たりのよい場所）			風通しのよい半日陰			屋外（日当たりのよい場所）		
水やり	2〜3日に1回			1日に1回			1日に1〜2回			1日に1回		
肥料					置き肥を1回				置き肥を1回			
作業				芽摘み			葉切り					
		剪定・針金かけ			剪定・針金かけ						剪定・針金かけ	
植えかえ			植えかえ									

ブナの育て方、仕立て方

樹性は強健で、暑さ寒さにも強く、生育が旺盛です。水を好むので、鉢土が乾き始めたらたっぷりと水やりします。夏の水ぎれには注意しましょう。

置き場所

●日当たりのよい場所に置きます

春と秋　日当たりと風通しのよいところに置きます。
夏　風通しのよい半日陰に置いて葉やけを防ぎます。
冬　寒さには強いのですが、寒風の当たらないところで保護すると安心です。

水やり

●水ぎれに注意します

　ブナは水を好み、水ぎれを起こすと葉先が茶色くやけてきます。鉢土の表土が乾き始めたら十分に水やりをしましょう。夏場は特に気をつけて、水ぎれさせないように注意します。

肥料

●肥料は控えめに

　ブナは生育が旺盛で、肥料を与えすぎると不定芽がたくさん出て樹形が乱れてしまいます。肥料は控えめにし、春（5月）と秋（9月）に1回ずつ、置き肥を与える程度で十分です。

芽摘み〈4〜5月〉

●芽が開く前に芽摘みをします

　ブナは芽吹きの時期は遅いのですが、動き始めると成長が早く、すぐに枝が固まってしまうので、芽が開く前に芽摘みをします。新梢を伸ばしたくないときは、芽が真綿のように伸びてきたときに基部の葉を2〜3枚残して先を指で摘み取ります。枝として伸ばしたいときは、芽摘みを控えて新梢を伸ばし、葉が4〜5枚開いてから葉を2〜3枚残して先を切り詰めます。

葉透かし

●夏前に大きな葉を切り取ります

　葉が多くなって日当たりや風通しが悪くなってきたら、夏前に大きな葉を選んで切り取る葉透かしを行い、日当たり、風通しをよくします。同時に、余計な枝や徒長枝も切ってやるとよいでしょう。

剪定

●伸びた枝は随時切り取ります

　成長期には次々と枝が伸びてきます。希望の樹形の輪郭線から飛びだした枝は切り取りましょう。冬の休眠期には、樹形を乱す忌み枝や伸びすぎた枝を切り取り、樹形を整えます。不要な不定芽も摘み取っておきます。

植えかえ

●2〜3年に1回植えかえます

　若木は毎年、成木は2〜3年に1回、茶褐色の芽が白く輝きだす3月中旬〜4月上旬に植えかえます。1本の樹でも芽の動きには差があります。早く動いた芽を基準にします。

長寿梅 ちょうじゅばい

和名	クサボケ 'チョウジュバイ'	分類	バラ科ボケ属
英名	Japanese quince 'Chojubai'	学名	*Chaenomeles japonica* 'Chojubai'
分布	本州、四国、九州		

長寿梅はボケの仲間で、クサボケの園芸品種です。クサボケは本州、四国、九州の山野でよく見られる小低木で、葉は小さく、照葉で、花は四季に咲くので長寿梅と名づけられたといわれています。花の少ない早春から四季を通じて、かわいらしい真っ赤な花（白い花もある）を咲かせ、私たちの目を楽しませてくれます。実は秋に黄熟します。枝はよく分岐して株立ち状に生育します。盆栽でも、この樹性を生かした株立ちや根連なりの自然樹形が多く見られます。

長寿梅
高さ22cm、幅20cm。
関野 正 蔵

長寿梅の臥龍樹形はまだ珍しい。釜形鉢に植えられた樹は格調が高く、優れた作品といえる。
長寿梅　高さ15cm、幅16cm。小島三枝子氏 蔵

=========================
手入れのポイント
=========================

花がら摘み
　花が咲き終わったあと、花がらをつけておくと結実し、枝を弱らせます。花が終わったら花がらを指で摘み取ります。

ひこばえ、不定芽の処理〈4～9月〉
　根元からひこばえをよく出します。ひこばえは若くて成長力が強いので、味のある古い幹や枝を弱らせたりします。幹から出る不要な芽も、見つけしだい元からかき取ります。

長寿梅
高さ11cm、幅16cm。
深澤芙美子氏 蔵

チョウジュバイの管理・手入れカレンダー

	1	2	3	4	5	6	7	8	9	10	11	12
生育状態			年間をとおしてまばらに開花するが、12〜1月と4〜5月に多く咲く									
置き場所	寒風の当たらない場所		日当たりと風通しのよい場所				半日陰		日当たりと風通しのよい場所			
水やり	2〜3日に1回		1〜2日に1回		1日に1回		1日に1〜2回		1日に1回			
肥料			置き肥を月に1回						置き肥を月に1回			
作業						ひこばえ、不定芽の処理						
				剪定・針金かけ					剪定・針金かけ			
植えかえ									植えかえ			

チョウジュバイの育て方、仕立て方

チョウジュバイなどの花ものは、樹形よりも花を咲かせることが先決です。伸びる新梢を繰り返し切ると花芽がつかなかったりします。伸びすぎて見苦しい新梢は、伸び止まる5月下旬〜6月上旬に先端を浅く切り詰めておく程度とします。花芽は太い新梢や古枝に多くつくられます。

置き場所

●夏は半日陰に置きます

春と秋 日当たりと風通しのよいところに置きます。
夏 半日陰に置いて強い日差しから保護します。
冬 寒風の当たらないところで保護します。

水やり

●過湿は避けます

水は好みますが、過湿は避けます。水はけのよい用土で植えるのがよいでしょう。

肥料

●毎月1回与えます

真夏と冬を除き、毎月1回置き肥を与えます。肥料を与えると不定芽が出やすくなります。不定芽が伸びると古い枝が枯れやすいので、よく注意して見つけしだいかき取ります。

植えかえ

●1〜2年に1回植えかえます

若木は毎年、成木でも1〜2年に1回植えかえます。時期は秋(9〜10月上旬)が適しています。過湿を嫌うので、赤玉土に桐生砂を2割ほど混ぜた水はけのよい用土で植えます。

剪定

●秋に剪定をします

9月中旬〜10月上旬に全体の姿を考えて剪定をします。

長寿梅
高さ19cm、幅22cm。
関野 正蔵

137

椿、山茶花 つばき、さざんか

和名	ヤブツバキ、サザンカなど	分類	ツバキ科ツバキ属
英名	Camellia	学名	*Camellia* spp.
分布	本州、四国、九州		

ツバキは古くから日本の太平洋側に自生するヤブツバキや、日本海側の多雪地帯に自生するユキツバキなどが交配されて多くの園芸品種が作出され、盆栽や庭木として親しまれてきました。最近では外国産の品種との交配も行われ、花色や花形も多種多様になっています。サザンカは本州南部や四国、九州に自生し、ツバキとは花の開き方や雄しべのつき方、花弁が1枚ずつ散ることなどで区別されますが、最近は交配による園芸品種もつくられ、区別がつきにくいものもあります。早春の、まだ緑葉の少ない時期に、光沢のある緑葉の表面や葉隠れに咲く花姿には、暖気を呼ぶ雰囲気があります。どちらも樹皮が薄いので針金かけが難儀なせいか、盆栽樹形としては、自然態が一般的です。

この品種は花つきがよくて葉が小さいので、花がよく目立つ。花もの盆栽を家庭で飾る場合は、樹の裏表はあまり意識せずに、花の美しい面を観賞すればよい。

椿　「港の曙」高さ25㎝、幅44㎝。関野 正蔵

樹としてはこちらが表。

手入れのポイント

剪定は春に
樹形をつくる剪定は春に行います。

つぼみの間引き
花芽は6～8月ごろにつくられます。秋に、枝先につぼみを2～3個つけていたら、1個を残してほかは摘み取ります。

冬は室内に
暖地性の木ですから、冬は室内で保護するのがおすすめです。

ツバキ、サザンカの管理・手入れカレンダー

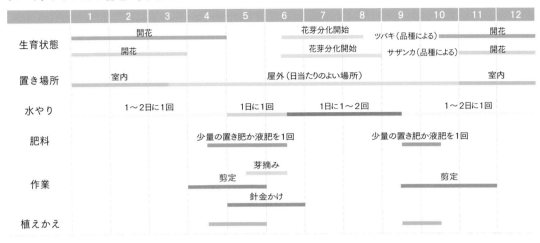

	1	2	3	4	5	6	7	8	9	10	11	12
生育状態	開花					花芽分化開始		ツバキ（品種による）			開花	
		開花				花芽分化開始		サザンカ（品種による）			開花	
置き場所	室内			屋外（日当たりのよい場所）							室内	
水やり	1～2日に1回				1日に1回		1日に1～2回			1～2日に1回		
肥料				少量の置き肥か液肥を1回					少量の置き肥か液肥を1回			
作業				剪定	芽摘み				剪定			
					針金かけ							
植えかえ												

ツバキ、サザンカの育て方、仕立て方

もともと日本に自生する、丈夫で育てやすい樹ですが、サザンカはヤブツバキと比べてより暖地性の種ですから寒さには注意します。病害虫が多いのも難点です。特にチャドクガには注意が必要で、見つけたら手で触れないように注意し、枝ごと切り取ってビニール袋などに入れて処分し、薬剤を散布しておきます。

置き場所

●冬の寒さから保護すると安心です

春から秋は日当たりと風通しのよいところに置きます。日陰でも育ちますが、花つきが悪くなります。

春～秋 屋外の日当たりと風通しのよいところに置きます。

冬 暖地性の樹木ですから、寒風の当たらないところに保護します。開花時は霜に当たらないように気をつけましょう。冬の間は室内で保護するのもおすすめです。

水やり

●水ぎれさせない

水ぎれを起こすと回復が難しい樹です。鉢土の表面が乾いたら十分に水を与えます。特に開花期には、水ぎれさせないように注意します。

肥料

●肥料は控えめに

肥料が多いと新根が伸びにくくなるので、肥料は控えめにします。春と初夏と秋に少量の置き肥をするか、液肥を与える程度で十分です。

剪定

●花後に伸びた枝を切り詰めます

花芽を切らないよう、樹形をつくる剪定は春に行います。花後、萌芽する前に伸びすぎた枝を切り詰めたり、小さい芽が多くついた細枝や弱い垂れ枝などを切り取ったりして樹形を整えます。

花芽の管理

●つぼみを間引きます

花芽は、6月上旬ごろから、花後に伸びる新梢の先端につくられます。秋の剪定は、つぼみを確認してから行いますが、同時につぼみの間引きもしておきます。枝先につぼみを2～3個つけていたら、1個を残してほかは摘み取ります。

植えかえ

●2年に1回植えかえます

若木、成木とも2年に1回。暖かくなり、外気が安定してくる4月下旬～5月か、9～10月に植えかえます。根は折れやすいので植えかえはていねいに行います。

桜 さくら

和名	マメザクラ、ヤマザクラなど	分類	バラ科サクラ属
英名	Cherry tree	学名	*Cerasus* spp.
分布	北海道〜沖縄		

サクラは日本の国花であり、陽春を飾る代表的な花もの盆栽です。花は華麗でしかも清楚です。わが国には北海道から沖縄に至るまで、多くのサクラが自生しており、その種類や品種も豊富ですが、盆栽として最も多く仕立てられているのが小型のマメザクラ（*C.incisa*）です。富士桜、箱根桜とも呼ばれる種類で、小枝がよく分岐し、葉、花ともに小型です。サクラは樹性が強健で、あらゆる樹形に仕立てられています。持ち込めば枝幹に古色を帯び、味のある盆栽が楽しめます。

十月桜
高さ11cm、幅17cm。
田辺ひろみ氏 蔵
（第23回秋雅展）

豆桜の寄せ植え。松井 孝 蔵

サクラの育て方、仕立て方

花を楽しむ樹ですから、樹形よりも花つきを重視して育てましょう。花芽は6〜8月につくので、剪定はそれまでにすませ、以後はあまり枝を切らないようにしましょう。丈夫でよく育つ樹ですが、病害虫が多いので注意しましょう。

置き場所

●日当たりのよい場所で管理します

　春から秋までは日当たりと風通しのよいところに置き、冬は寒風の当たらないところで保護します。春先に植えかえたものは、霜に当てないようにしましょう。

水やり

●水ぎれさせないように注意します

　水を好みます。夏に水ぎれさせると落葉することもあります。鉢土の表面が乾いたら十分に水を与えましょう。

サクラの管理・手入れカレンダー

	1	2	3	4	5	6	7	8	9	10	11	12
生育状態			開花			花芽分化開始			葉芽と花芽の区別ができる			
置き場所	寒風を防ぐ			屋外（日当たりのよい場所）							寒風を防ぐ	
水やり	1～2日に1回			1日に1回		1日に1～2回				1～2日に1回		
肥料				置き肥を月に1回					置き肥を月に1回			
作業				芽摘み								
				剪定								
					針金かけ							
植えかえ												

鞍馬石に植えた桜（旭山）の寄せ植え。
松井 孝 蔵

手入れのポイント

芽摘み〈4〜5月〉
　花芽は6月下旬〜8月下旬に、新梢の腋芽に分化します。春先に芽摘みをして枝数をふやせば、花つきもよくなります。

剪定〈5〜6月〉
　花後、花芽が分化する前の5〜6月に剪定をしておきましょう。休眠期の剪定は花芽を切らないように注意します。長く伸びた枝には花芽がつかないので、休眠期に切ります。古枝を切ったときは、切り口から腐敗菌が入らないよう、癒合剤を塗布しておきます。

肥料

●しっかり与えると花つきがよくなります
　成長が早いので、肥料をきらさないように注意します。夏と冬を除き、毎月1回置き肥を与えます。

植えかえ

●毎年、3月に植えかえます
　サクラ類は根回りが早く、2〜3年も植えかえないと根詰まりを起こし、通気性、水はけが悪くなり、枯死の原因にもなります。水はけのよい用土で毎年植えかえましょう。植えかえの時期は新芽が色づき始める3月です。

おかめ桜
高さ28㎝、幅28㎝。
森山秀康氏 蔵

姫沙羅 ひめしゃら

和名	ヒメシャラ	分布	本州関東以西、四国、九州
別名	サルスベリ	分類	ツバキ科ナツツバキ属
英名	Tall stewartia	学名	*Stewartia monadelpha*

関東以西から四国、九州の山地に見られます。名前
の由来は、同属のナツツバキをシャラノキと呼んで
おり、それよりも花や葉が小さいからといわれていま
す。赤褐色で、平滑な幹肌は独特で、サ
ルスベリの別名があります。銀色に燃
えるような芽出し、初夏の白花は可憐
で清楚、夏の淡緑葉、秋の紅葉、冬の繊
細な枝姿、一年を通じて楽しめるので人気があります。
盆栽としては自然な曲を生かした模様木や寄せ植え
仕立てが向いています。

姫沙羅
高さ16cm、幅23cm。
苔聖園 漆畑信市氏 蔵

ヒメシャラの育て方、仕立て方

生育旺盛な若木は、春に芽摘みをし、その後葉が固まってから葉刈りも行います（葉刈りは実生3年目から）。花を
咲かせたい成木では、花は新梢の葉腋につくので、芽摘みはしないようにしましょう。細い枝やこれから太らせた
い枝は、葉刈りを控えます。美しい幹肌が魅力です。落葉期に、ブラシなどで幹を洗ってやりましょう。

置き場所

●日当たりと風通しのよい場所に置きます

春と秋 日当たりと風通しのよい場所に置きます。

夏 山地に自生する樹で、やや暑さに弱いところがあります。
夏は遮光して涼しく過ごさせましょう。

冬 寒さには強いのですが、乾燥に弱いので、北風の当た
らない暖かい日だまりや室内で管理します。

水やり

●用土の乾燥に注意します

　ヒメシャラは根が浅いところに張る性質があるため、乾
燥には注意が必要です。鉢土の表面が乾き始めたら、忘れ
ずに水やりしましょう。

肥料

●肥料は多めを好みます

　肥料を好みます。夏と冬を除き、月1回置き肥を与えます。

剪定と針金かけ

●針金で樹形を整えます

　剪定は休眠期の2〜3月に行います。ヒメシャラは枝が
上に伸びる性質が強いので、針金をかけて樹形をつくりま
しょう。

ヒメシャラの管理・手入れカレンダー

	1	2	3	4	5	6	7	8	9	10	11	12
生育状態						開花		実が熟す				
					花芽分化開始							
置き場所	日だまり			日当たりのよい場所			半日陰		日当たりのよい場所		日だまり	
水やり	1～3日に1回			1日に1回			1日に1～2回		1日に1回		1～3日に1回	
肥料	置き肥を月に1回						置き肥を月に1回					
作業					芽摘み							
	剪定・針金かけ					葉刈り						
植えかえ												

ヒメシャラの実生苗の寄せ植え

　実生1～2年目の苗を使ったヒメシャラの寄せ植えです。すぐに楽しむことができるのではじめての人にもおすすめ。実生苗は比較的安価で売られているので、それを購入して植えるのもよいでしょう。

1 今回は実生1年目の苗と2年目の苗を植えた。同じ大きさの苗だけより変化がついておもしろい。ほかにこけ、鉢と用土も用意する。鉢は浅鉢がおすすめ。

2 用土を薄く入れて、大きな苗から順に、根を広げて置いていく。寄せ植えにする苗は奇数が基本。

3 すべての苗を置いたら、用土を上から足して植えつける。

4 植え終わったら、土の表面にこけを敷き詰める。こけはかたまりのまま土に密着させるほうがおもしろい。

春の芽出しの状態。ヒメシャラの林が再現されたようだ。

143

梨 _{なし}

和名	ヤマナシ、マメナシなど	分類	バラ科ナシ属
英名	Japanese pear	学名	*Pyrus* spp.
分布	本州、四国、九州、中国中南部		

盆栽として栽培されているナシは、中国原産のシナナシや、本州中部以南〜九州に分布するヤマナシなどの、小型の原種や、その園芸品種です。食用の大実種に比べ、分枝しやすく、細枝にも着果するなど盆栽向きで、鈴梨のように花が美しく、小さい実が密集してなり、紅葉まで楽しめる種類もあります。実なりのさまは見事ですが、花も見どころのひとつで、4月ごろ咲かせる白花は清楚で気品があります。樹形としては模様木仕立てが一般的です。

梨
高さ15cm、幅17cm。
関野 正蔵

「相梨（あいなし）」と呼ばれるヤマナシ系の小型の品種。直径1cmくらいの実がたくさんつく。
相梨　高さ21cm、幅35cm。安藤 操氏 蔵（第23回秋雅展）

梨
高さ20cm、
幅15cm。

関野 正蔵

= =
手入れのポイント
= =

芽摘み・新梢切り〈4〜6月〉
春からは不要な芽を摘み取り、伸びた新梢は6月下旬までに、基部の葉を2〜3枚残して先を切り取ります。二番芽も、長く伸びた枝は2〜3節を残して切り詰めておきましょう。

剪定、整枝〈3月〉
花芽は夏に充実した枝につくられ、翌春この花芽がわずかに伸長して、その先に数花が房状になって咲きます。整枝、剪定の適期は3月で、花芽を切ってしまわないように注意して、樹形を整えます。

ナシの管理・手入れカレンダー

	1	2	3	4	5	6	7	8	9	10	11	12
生育状態				開花			花芽分化開始		果実			
置き場所	寒風を防ぐ			屋外（日当たりのよい場所）							寒風を防ぐ	
水やり	1〜3日に1回			1日に1回			1日に1〜2回		1日に1回		1〜3日に1回	
肥料						置き肥を月に1回（若木）						
作業			剪定	芽摘み / 針金かけ	新梢切り							
植えかえ												

ナシの育て方、仕立て方

花と実が両方楽しめます。開花から結実までは肥料を与えないようにするので、春と秋に十分肥培しましょう。花芽は初夏にできて翌春開花します。

置き場所

●開花中は風雨を避けます

春から秋まで日当たりと風通しのよいところに置きます。開花中は風雨を避けましょう。冬は寒風の当たらないところに移します。

水やり

●実のあるときは、特に乾燥に注意します

水を好みます。表土が乾いてきたら、鉢底から流れ出るまで、たっぷりと水やりします。開花中は花に水をかけないようにします。夏の乾燥期は1日に1〜2回の水やりが必要になります。実なり中は特によく水を吸うので、乾かさないよう注意します。

肥料

●花どきは肥料を与えない

若木は5月から10月まで、毎月1回置き肥を与えます。成木は、開花から結実までは肥料を与えないようにします。秋に実をとったらお礼肥を与えます。

植えかえ

●成木も毎年植えかえます

ナシは根の伸びがよいので、2〜3年も植えかえないと鉢の中に根が回って、通気性、通水性が悪くなり、樹を弱らせたり、落果の原因になったりします。若木、成木とも

毎年、芽がふくらみ始める3月に植えかえます。古い土はよく落として新しい用土で植えつけます。

梨
高さ23cm、幅25cm。
関野 正蔵

145

老爺柿 <small>ろうやがき</small>

和名	ツクバネガキ	分布	中国
英名	Diamond-leafed persimmon, Chinese persimmon	分類	カキノキ科カキノキ属
		学名	*Diospyros rhombifolia*

中国原産の小型のカキで、和名のツクバネガキは、実の上についたガクの形からついたものです。丈夫で鉢植えでもよく実をつけるので、実もの盆栽として人気があります。雌雄異株で雄の木と雌の木があり、雌の木にしか実がなりません。実をつけさせるには、雄の木と雌の木の両方を一緒に育てる必要があります。

老爺柿　高さ20cm、幅29cm。
関野 正 蔵

老爺柿
高さ19cm、幅18cm。
関野 正 蔵

老爺柿
高さ25cm、幅30cm。
高橋和夫氏 蔵
（第23回秋雅展）

ロウヤガキの管理・手入れカレンダー

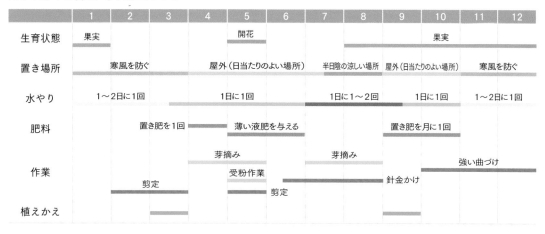

	1	2	3	4	5	6	7	8	9	10	11	12
生育状態	果実				開花				果実			
置き場所	寒風を防ぐ			屋外（日当たりのよい場所）			半日陰の涼しい場所	屋外（日当たりのよい場所）			寒風を防ぐ	
水やり	1～2日に1回				1日に1回		1日に1～2回		1日に1回		1～2日に1回	
肥料		置き肥を1回			薄い液肥を与える				置き肥を月に1回			
作業				芽摘み	受粉作業		芽摘み		針金かけ	強い曲づけ		
		剪定				剪定						
植えかえ												

ロウヤガキの育て方、仕立て方

丈夫で実つきがよく、初心者でも育てられる、おすすめの実ものです。模様木や文人木など、いろいろな樹形に仕立てられます。針金かけは、実のついている夏か秋に行います。水管理には注意が必要で、過湿や乾燥には注意しましょう。

手入れのポイント

芽摘み〈4～5月、7～8月〉
春から芽摘みをして徒長枝が出るのを防ぎ、枝数をふやします。

剪定〈2～3月、5月〉
芽出し前の2～3月に、実のなった枝や長い枝を基部の2芽を残して切り戻します。残した芽に夏に花芽ができます。開花時期の5月には長い枝を切り戻します。ひこばえや不定芽は見つけしだい、かき取ります。

交配〈5月〉
雄花のおしべを雌花の中心部（柱頭）にこすりつけて受粉させます。

置き場所

●やや日陰でも育てられます

春と秋　日当たりと風通しのよい場所が適しています。よく日に当てると、花つきや実つきがよくなります。水は好みますが、長雨に当てると根腐れを起こして実が落ちたりするので、梅雨時は雨の当たらないところに置きます。
夏　真夏は寒冷紗などで遮光するか、半日陰に置きます。
冬　北風の当たらない、暖かい軒下などで管理します。

水やり

●開花期の乾燥に注意します

表土が乾いたらたっぷり水やりします。特に開花期と実が止まった直後は、水ぎれをしないような水管理が必要です。夏は朝夕2回の水やりが普通です。

肥料

●肥料は十分与えます

肥料が不足すると花つき、実つきが悪くなりますが、開花から実がつくまでは肥料は控えめにします。薄い液肥をときどき与えると効果的です。実つき後は10月ごろまで置き肥を与えます。

針金かけ

●枝が若いうちに形をつくります

ロウヤガキは枝が古くなるとかたくなって折れやすいので、枝が若いうちに針金をかけて形をつくります。時期は夏で、実がついていても大丈夫です。強い曲づけは10～12月に行います。

植えかえ

●2年に1回植えかえます

芽出し前の3月か、9月に植えかえます。植えかえには強いので、実がついているときに植えかえても大丈夫です。

林檎 <small>りんご</small>

和名	イヌリンゴ、セイヨウリンゴなど	分類	バラ科リンゴ属
英名	Apple	学名	*Malus* spp.
分布	ヨーロッパ北部、シベリア、中国		

リンゴには多くの種類がありますが、盆栽として栽培されているのはシベリアから中国北部の原産のイヌリンゴや、果物として利用されるヨーロッパ原産のセイヨウリンゴの小型の品種です。ヒメリンゴというのはイヌリンゴの別名ですが、小型のリンゴの総称として使われることもあります。4〜5月ごろ淡紅色から白色に変わる5弁花を咲かせ、実は秋に美しい紅色に熟します。

林檎「冬あかね」(西洋林檎)
高さ16cm、幅23cm。
高橋和夫氏 蔵(第23回秋雅展)

姫林檎　高さ8cm、幅16cm。
苔聖園 漆畑信市氏 蔵

姫林檎　高さ10cm、幅30cm。
大藪真博氏 蔵(第23回秋雅展)

リンゴの管理・手入れカレンダー

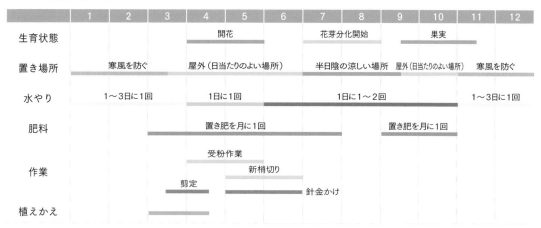

	1	2	3	4	5	6	7	8	9	10	11	12
生育状態				開花			花芽分化開始		果実			
置き場所	寒風を防ぐ			屋外（日当たりのよい場所）			半日陰の涼しい場所		屋外（日当たりのよい場所）		寒風を防ぐ	
水やり	1〜3日に1回			1日に1回			1日に1〜2回				1〜3日に1回	
肥料			置き肥を月に1回						置き肥を月に1回			
作業				受粉作業 / 剪定	新梢切り	針金かけ						
植えかえ			植えかえ									

リンゴの育て方、仕立て方

実つきがよく強健で、培養が容易なので実もの盆栽として最も親しまれているもののひとつです。白い幹肌もつややかで、模様木をはじめ斜幹や懸崖風などいろいろの樹形に仕立てられています。若木のうちは実つきがよくないのですが、樹が成熟して短い「短枝」が出るようになると、その先に花が咲いて実がなります。リンゴは同じ株の花粉では実がつきません。受粉用にカイドウを用意して、開花期には近くに置いておくのがよいでしょう。

手入れのポイント

新梢切り〈5〜6月〉
元気よく伸びた新梢は、5月下旬から6月に2節を残して切り詰めます。切り詰めた新梢の二番芽はそれほど伸びず、短枝となって花芽をつけ、翌年の開花枝となります。若木では短枝が出にくいので、元気よく伸びた新梢を2〜3本切らずに残しておくと、残した新梢に力が行き、新梢切り後の二番芽が短枝になりやすくなります。

針金かけ〈5〜6月〉
春から初夏に、上に伸びた枝に針金をかけて横に寝かせておくと、樹勢が落ちて短枝が出るようになり、花つき、実つきがよくなります。

置き場所

●日当たりのよい場所で育てます

春と秋 日当たりと風通しのよいところに置きます。日陰では実つきが悪くなります。

夏 半日陰で西日を避けます。

冬 寒さには強いのですが、北風の当たらない、鉢の中が凍らない暖かい日だまりに置きます。秋に植えかえたものは室内で保護するとよいでしょう。

受粉樹として一緒に育てておきたいミヤマカイドウ。
高さ25cm、幅23cm。
関野 正蔵

水やり

●水を好みます

開花中に水ぎれさせると実つきが悪くなります。鉢土の表面が乾いたら、十分に水を与えましょう。

剪定

●樹形づくりは春から初夏にかけて行います

春の剪定や5〜6月の新梢切りとともに、針金かけも行って樹形を整えます。花は短枝の先端に咲くので、短枝を切らないようにします。実は早めに切り取ったほうが樹のためには好適です。

植えかえ

●成木も毎年植えかえます

根の伸びがよいので、若木、成木とも毎年植えかえます。芽がふくらみ始める3〜4月上旬が植えかえの適期です。

149

その他の雑木盆栽

紫陽花
高さ25cm、幅18cm。
関野 正 蔵

青葛藤 <small>あおつづらふじ</small>

ツヅラフジ科アオツヅラフジ属。全国
の山野に自生する落葉性のつる植物で、
別名カミエビ。秋にはブドウのような
美しい実がたくさんついて楽しめます。
実生が容易で、芽生えから2〜3年で
開花するようになります。雌雄異株で、
実をつけるには雄雌2株が必要です。

青葛藤　高さ16cm、幅8cm。
北原安男氏 蔵（第23回秋雅展）

紫陽花 <small>あじさい</small>

アジサイ科アジサイ属。梅雨時に美しい花を咲かせるおなじみの
花木です。多くの種類がありますが、盆栽には小型のヤマアジサ
イが向いています。花後すぐに、基部の2〜3芽を残して茎を切
り詰め、できるだけ下のほうから芽を出させます。強い日差しを
嫌うので半日陰で育てましょう。

木通 <small>あけび</small>

アケビ科アケビ属。近縁種には
小葉が3枚のミツバアケビもあ
りますが、盆栽としては小葉が
5枚のアケビが適しています。
つるが長く伸びるので、4〜5
枚葉が出たら葉を2〜3枚残し
て先を摘み取ります。アケビは
他家受粉の植物なので、実をつ
けるには2株以上を育てる必要
があります。

木通　高さ34cm、幅36cm。
松井 孝 蔵

馬酔木　高さ30cm、幅33cm。
森山秀康氏 蔵

馬酔木 <small>あせび</small>

ツツジ科アセビ属。本州、四国、九州の山地に自生する常緑の低
木で、早春に白い花を咲かせます。盆栽には赤花種や斑入り種、
矮性のヒメアセビなどが好まれます。結実させると樹が弱るので、
花が終わったら果房の元から切り取っておきましょう。

崖石榴 <small>いたびかずら</small>

クワ科イチジク属。本州中部から沖縄までに分布する常緑のつる
性植物です。イチジクの仲間で、1cmほどの実がたくさんつき、
秋に黒紫色に熟します。剪定の適期は4月ごろで、つるに針金を
かけて樹形をつくります。つるが固まるのに時間がかかるので、
針金は長い間かけておきましょう。

水蠟の樹　高さ9cm、幅15cm。
村木義弘氏 蔵（第23回秋雅展）

崖石榴
上下24cm、幅33cm。
斉藤八千代氏 蔵
（第23回秋雅展）

水蠟の樹 <small>いぼたのき</small>

モクセイ科イボタノキ属。ほぼ全国に自生するモクセイ科の落葉
低木で、ネズミモチもこの仲間です。5〜6月にギンモクセイに
似た芳香のある花を咲かせ、秋には黒紫色の小さな実がたくさん
つきます。花後に、実を楽しむ枝を幾分残し、他の新梢は基部の
1節を残して切り詰めておきます。

梅 うめ

バラ科アンズ属。寒さにも屈せず清楚な花を開き、馥郁たる香りを放つ、お正月の飾り物としても人気の花木です。樹性がすこぶる強健、整枝も容易で、どんな樹形にも仕立てられます。花が終わったら花がらを摘み取り、枝元にある葉芽を残して枝を切り詰めておきます。

紅白の梅の盆栽

梅擬　高さ16cm、幅25cm。
金子貞治氏 蔵（第23回秋雅展）

梅擬 うめもどき

モチノキ科モチノキ属。本州、四国、九州に自生する落葉低木で、実もの盆栽を代表する樹種です。持ち込むと樹姿も美しく魅力的になります。変異が多く、赤のほか、黄色や白実の品種もあります。雌雄異株で、実をつけるには雄木も必要です。植えかえは毎年行います。

榎　高さ70cm、幅70cm。
関野 正 蔵

榎 えのき

アサ科エノキ属。ケヤキによく似た落葉高木で、本州、四国、九州に分布し、公園などでもよく見かけます。丸葉のものと細葉のものがありますが、丸葉のもののほうが芽吹きがよく、盆栽には向いています。育て方や仕立て方はケヤキとほぼ同じで、ほうき仕立てなどがおすすめです。

鎌柄　高さ14cm、幅20cm。
松井 孝 蔵

鎌柄 かまつか

バラ科カナメモチ属。本州、四国、九州に自生するバラ科の落葉高木で、初夏の白い花、秋の赤い実や紅葉が楽しめます。樹がかたく鎌の柄に使われたといわれ、実際、古枝はかたくなるので、曲づけは若木のうちに行います。実をつけるには、春に芽摘みを行わず、新梢を伸ばします。

花梨の花

花梨　高さ20cm、幅25cm。
土屋政夫氏 蔵（第23回秋雅展）

花梨 かりん

バラ科カリン属。中国原産の落葉高木で、秋に大きな実がつきます。実はたいへん香りがよく、果実酒などに利用されます。春にはピンクの花が咲き、幹肌も美しく黄色い実がよく映え、盆栽としても楽しめる樹です。乾燥すると実つきが悪くなるので、水は多めに与えます。

木五倍子
高さ17cm、幅8cm。
森山秀康氏 蔵

木五倍子 きぶし

キブシ科キブシ属。ほぼ日本全国に分布する落葉低木で、春先に、葉の展開に先立って黄色の房状の花を咲かせます。花後の新緑や秋の紅葉も楽しめます。雌雄異株で、花穂が長いのが雄木、短いのが雌木ですから、育てるのなら雄木がおすすめです。若枝に針金をかけて樹形をつくります。

金豆 きんず

ミカン科ミカン属。中国原産のマメキンカンのことで、径1cmほどの小さな実が夏から冬まで、長い間楽しめます。ミカンの仲間なので寒さには弱く、霜に当てると葉が黄変し落ちてしまうこともあります。冬は日当たりのよい室内で保護しましょう。

金豆の実

栀子 くちなし

アカネ科クチナシ属。初夏に強い芳香を放つ白い花を咲かせるおなじみの花木です。花後の黄色い実も楽しめますが、八重咲きの品種は実がつきません。庭に植えたものは屋外でも越冬しますが、鉢植えにしたものは、冬は凍らない場所で保護します。夏は半日陰で葉やけを防ぎます。

栀子
高さ10cm、幅7cm。
松井 孝 蔵

コトネアスター

バラ科シャリントウ属。中国原産の小型の常緑低木で、秋にきれいな赤い実をたくさんつけます。小枝がよく分岐するので枝づくりは簡単で、冬に枝を切り込んで樹形をつくります。雌雄同株で、1株でもよく結実します。夏は風通しのよい半日陰で管理します。

コトネアスター　高さ19cm、幅16cm。松井 孝 蔵

茱萸 ぐみ

グミ科グミ属。春から夏、または初夏から秋に赤い実をならせるグミ科グミ属の小果樹の総称です。盆栽とされるものにも数種類ありますが、本州中部以西、四国、九州に自生するナワシログミが多くつくられています。丈夫で実つきがよいのですが、寒さに弱いので冬は室内で保護します。

寒茱萸　高さ20cm、幅30cm。
佐藤幸男氏 蔵（第23回秋雅展）

苗代茱萸　高さ18cm、幅13cm。
松井 孝 蔵

石榴　高さ33cm、幅40cm。
関野 正 蔵

石榴 ざくろ

ミソハギ科ザクロ属。世界中で利用されている果樹で、盆栽としても人気です。花を楽しむ花ザクロと実を楽しむ実ザクロに分けられ、それぞれ多くの品種があります。春から秋までは十分に日に当てないと実つきが悪くなります。寒さには弱いので冬は室内で保護します。

真葛・実葛 さねかずら

マツブサ科サネカズラ属。関東以南に分布する常緑のつる性植物で、変わった形の赤い実をつけます。美男葛（ビナンカズラ）とも呼ばれます。水を好むので、特に夏は水ぎれに注意。肥料もたくさん与えないと実つきが悪くなります。夏は半日陰に置き、冬は室内で保護します。雌雄異株なので、人工受粉で実をつけます。

実葛　高さ24cm、幅23cm。
松井 孝 蔵

皐・五月 さつき

ツツジ科ツツジ属。花もの盆栽として最も普及している種類です。交配が容易なうえ、枝変わりもしやすいので、品種改良が進み、花色、花形、葉形などが変化に富んだ多くの品種が生み出されています。芽吹きもよく、整枝がしやすいので、さまざまな樹形に仕立てられます。

皐の花

サルコココッカ

ツゲ科サルココッカ属。東南アジアから中国南部原産の常緑低木で、香りのよい花と美しいコーヒー色の実が人気です。日陰や大気汚染にも強く、公園の植え込みやグラウンドカバーにも利用され、ミニ盆栽の素材としても使われるようになりました。挿し木で簡単にふやせます。

サルコココッカの実

百日紅 さるすべり

ミソハギ科サルスベリ属。庭木としても人気の花木です。春から秋までは日当たりのよい場所、冬は寒風の当たらない場所で保護します。花後には花の咲いた枝を短く切り詰めて樹を休ませます。新梢に花芽がつくため、冬～春の剪定ではどこで切っても大丈夫です。

百日紅
高さ22cm、幅35cm。
清水康雄氏 蔵（第23回秋雅展）

山査子 さんざし

バラ科サンザシ属。中国原産のバラ科の落葉低木で、春には白い花、秋には赤い実と紅葉が楽しめます。花芽は短枝につくので、冬に長い枝を切り詰めて短枝を出させます。3～4年に一度は実をあきらめ、6月に短く刈り込んで大きくなりすぎるのを防ぎます。

山査子
高さ12cm、幅20cm。
霧生 明氏 蔵
（第23回秋雅展）

蔓梅擬　高さ15cm、幅22cm。
片倉義文氏 蔵（第23回秋雅展）

蔓梅擬　つるうめもどき

ニシキギ科ツルウメモドキ属。日本では北海道〜沖縄まで分布する落葉性のつる植物で、秋にオレンジ色の小さな実がつき、やがて3つに割れて赤いタネが顔を出します。枝がやわらかいので若木は針金かけで自由に曲をつけることができます。長く伸びた枝は、冬に2〜3芽を残して切り戻します。

錦木　にしきぎ

ニシキギ科ニシキギ属。紅葉の美しい庭木の代表で、枝に翼（よく）が出るのが特徴です。枝には弾力があり、ある程度太くなっても曲げられるため、いろいろな樹形づくりが楽しめます。日当たりがよいほど美しく紅葉しますが、夏は日が強すぎると葉やけするので注意します。

錦木　高さ32cm、幅20cm。
松井 孝 蔵

紅葉した南天の葉

南天　なんてん

メギ科ナンテン属。赤い実と紅葉が美しいおなじみの庭木で、縁起物としても親しまれています。普通種以外に、葉の細いキンシナンテン（錦糸南天）も人気です。背を低くするには、3月に葉のある部分を2〜3節残して切り詰めます。秋によく日に当てると紅葉が美しくなります。

黄櫨　高さ12cm、幅11cm。
松井 孝 蔵

黄櫨　はぜのき

ウルシ科ツタウルシ属。関東以西の山野に自生する落葉高木で、盆栽としての見どころは何といっても鮮やかな紅葉の美しさです。カエデ類に先駆けて紅葉してくるさまは本当に見事で、小さな実生苗でも楽しむことができます。ウルシ科なので、かぶれやすい人は注意しましょう。

瓢箪木
高さ9cm、幅13cm。
苔聖園 漆畑信市氏 蔵

瓢箪木　ひょうたんぼく

スイカズラ科スイカズラ属。北海道〜九州の山野に自生する落葉低木です。5月に白色から黄色に変わる小さな花を咲かせ、キンギンボクの別名があります。実は2個が接着してヒョウタンのような形になります。赤い実は有毒なので、口にしないように注意しましょう。

ピラカンサ　高さ8cm、幅14cm。関野 正 蔵

ピラカンサ

バラ科トキワサンザシ属。和名はトキワサンザシで、鮮やかな赤い実をたくさんつけ、生け垣などにも利用されます。盆栽にしても丈夫で実つきがよく、小苗のうちから実が楽しめます。枝がよく伸びるので、剪定を繰り返して小枝をつくりましょう。近縁種に橙黄色の実をつけるタチバナモドキがあります。

紅紫檀
高さ5cm、幅12cm。
松井 孝 蔵

真弓　高さ12cm、幅20cm。
矢嶋幹男氏 蔵（第23回秋雅展）

紅紫檀　べにしたん

バラ科シャリントウ属。中国原産の常緑低木で、小さな葉を密生し、春には淡紅色の花が、秋には赤い実が楽しめます。小鉢では幹が太りにくいので、太らせたい場合は大鉢で栽培します。挿し木や取り木で仕立て直すのもおすすめです。

小真弓　高さ20cm、幅30cm。
中野 隆氏 蔵（第23回秋雅展）

深山海棠
高さ4.5cm、幅6cm。
小宮京子氏 蔵
（第23回秋雅展）

真弓　まゆみ

ニシキギ科ニシキギ属。北海道から九州まで各地に自生する落葉低木で、多くの変異があります。赤い実が人気ですが、白やピンクの実もあり、葉性もさまざまです。雌雄異株で、実を多くつけるには雄雌両方を育てます。翼（よく）の出ないニシキギはコマユミと呼ばれます。

深山海棠　みやまかいどう

バラ科リンゴ属。本州中部から北海道に自生する落葉高木のズミのことで、小さな実をたくさんつけることからミカイドウとも呼ばれます。リンゴの仲間で、近縁種に花を観賞するハナカイドウがありますが、盆栽としてよく見かけるのはミヤマカイドウや、その選抜品種です。小鉢でも実つきがよく、赤や黄色の実が楽しめます。

紫式部　むらさきしきぶ

シソ科ムラサキシキブ属。独特の紫色の実の落葉低木で、庭木としても人気です。近縁のコムラサキは枝が枝垂れ、実が固まってつきます。いずれも枝がよく伸びるので、盆栽として育てるときは5月上旬に新梢を1〜2芽残して切り戻し、脇芽を出させます。冬にも剪定して樹形を整えます。

小紫　高さ20cm、幅24cm。
松井 孝 蔵

藪柑子・十両　やぶこうじ・じゅうりょう

サクラソウ科ヤブコウジ属。北海道〜九州に自生する常緑低木で、センリョウ、マンリョウとともにお正月の縁起物とされ、ジュウリョウとも呼ばれます。あまり枝分かれしないので、株立ちとして育てるのがよいでしょう。半日陰でも育ちますが、日当たりがよいほうが実つきはよくなります。

藪柑子　高さ20cm、幅17cm。

※樹木の分類は主に大場秀章編著『植物分類表』（アボック社）を参考にしました。

盆栽用語解説

あ

赤玉土（あかだまつち）
盆栽の基本用土。粒状で、病原菌がなく、保水性をもち、水はけ、通気性がよい。粒の大きさにより大粒、中粒、小粒に分けられる。

荒皮性（あらかわしょう）
若木のうちから幹肌が荒れた状態になる性質。古木感が出やすく盆栽では人気が高い。

筏吹き（いかだぶき）
盆栽樹形のひとつ。横になった幹や枝から、数本の枝が立ち上がり、幹が林立しているような樹形。

一の枝（いちのえだ）
根元から数えて最初の枝。順に二の枝、三の枝となる。

一番芽（いちばんめ）
最初に伸びる新芽。この一番芽を切ったあと、再度伸びる芽を二番芽という。

一才性（いっさいしょう）
タネが発芽してその年に、開花、結実するなど、花つきや実つきが特に早い性質のもの。

忌み枝（いみえだ）
樹姿を乱し、美しさを損ねる不要な枝。閂枝、車枝、逆さ枝、立ち枝などの総称。

色鉢（いろばち）
観賞鉢の中で、釉薬のかかっている鉢。化粧鉢。

受け（うけ）
盆栽を飾るとき、主木の流れを受け止める位置に置かれる鉢や添え物。

受け枝（うけえだ）
流れ側の利き枝の反対側に配して全体のバランスをとる枝。

内芽（うちめ）
幹の側に向いた芽。この芽の上で切ると、枝が幹の方向に伸びてしまう。

裏枝（うらえだ）
樹の裏側に配して奥行きを引き出す役枝のこと。

上根（うわね）
土の表面に出して根張りにする根。

枝打ち（えだうち）
枝配りの様子。枝の出方、つき方など枝の状態のこと。枝打ちが細かい、粗い、枝打ちがよいなどという。

枝配り（えだくばり）
枝の配置。

枝順（えだじゅん）
根元から先端までの枝の出方、並び、間隔、太さ、長さのこと。バランスよく枝が出ていて上に行くほど細くなっていると、枝順がよいとされる。立ち上がり、根張りと合わせ、盆栽の三要素ともいわれる見どころのひとつ。

枝棚（えだだな）
枝を形作る枝葉の複数のかたまり。

追い込み剪定（おいこみせんてい）
樹形の大きさを維持するために全体的に一回り小さくする剪定。

落ち枝、落とし枝（おちえだ、おとしえだ）
極端に下向きになった枝。文人木や斜幹などの見どころのひとつとなっている。

か

勝手（かって）
樹形などが右から左に流れているものを右勝手、左から右に流れているものを左勝手という。

カルス
環状剥皮などで、傷口の細胞が分裂してできる細胞のかたまりで、癒傷組織（ゆしょうそしき）ともいえる。ここから根や芽が出ることがある。

寒樹（かんじゅ）
雑木類が冬、葉を落とした姿。落葉から芽出しまでの樹姿。裸木、裸樹ともいう。枝ぶりのよさ、幹肌などが見どころ。

環状剥皮（かんじょうはくひ）
取り木をかけるとき、樹皮を幹に沿って環状に剥ぐこと。水ごけなどを巻き、ポリ袋などで覆って発根させる。

観賞鉢（かんしょうばち）
観賞用の鉢。化粧鉢、本鉢などともいう。

色鉢、泥ものなどがある。

利き枝（ききえだ）
役枝のうち最も太くて長い枝。一の枝になることが多い。

亀甲性（きっこうしょう）
樹皮が亀の甲羅のように六角形に厚く重なったように割れてくる幹肌の性質。クロマツなどに見られる。

曲（きょく）
幹や枝の曲がり（模様）のこと。曲がよいとか、曲が悪いとかいう。

曲づけ（きょくづけ）
幹や枝を針金などで強く曲げて強い模様をつけること。軽い曲づけは「模様づけ」といい分けることもある。

切り返し、切り戻し（きりかえし、きりもどし）
盆栽の大きさを維持するため、また幹や枝の方向を変えるために、幹や枝を途中の芽の上で切ること。追い込み剪定ともいう。

桐生砂（きりゅうずな）
群馬県桐生地方から産出する粒状用土。水はけをよくするために赤玉土に混ぜて使う。

結束法（けっそくほう）
取り木をするときに、幹に針金を巻いて締め、あらかじめその箇所を太らせてから、針金の下を環状剥皮して発根させる方法。平均した、よい根張りが得られる。また、細い苗などを数本束にして針金で結わえ、癒着させることもいう。

ケト土（けとつち）
湿地にアシなどの植物が堆積してできた、繊維質の多い黒い粘質土。主に石付きなどに用いる。

下方鉢（げほうばち）
間口より深さのある深鉢。懸崖、半懸崖樹形に向く。

懸崖（けんがい）
盆栽樹形のひとつ。幹や枝が鉢底よりも下方に垂れ下がっているスタイル。

高台（こうだい）
水はけをよくするための鉢底の基台。水切り。

こけ順（こけじゅん）
幹が根元から先端まで徐々に細くなっている状態のこと。

腰水（こしみず）
鉢の底に受け皿を置き、中に水を入れて根から吸水させる方法。底面給水。夏場、特に乾きやすい樹種に適する。

ゴロ土（ごろつち）
水はけをよくするために、鉢底に敷く赤玉土大粒などの粒状の土。

さ

差し枝（さしえだ）
幹の下方で長く張り出した枝。全体の樹形の中で、最も重要な役割を担う枝。一の枝の場合が多い。

さば幹（さばみき）
災害などで枝が折れたり幹が割れたりして、木質部が見えている幹。または、人工的に そのような状態にした幹。

地板（じいた）
盆栽の下に敷く観賞用の敷板。

軸切り挿し芽（じくきりさしめ）
実生苗の子葉が開いたころ、胚軸を切って挿す方法。一の枝の低い樹ができる。

時代がのる（じだいがのる）
盆栽に古色がつき、時間の流れを感じさせるさま。

下草（したくさ）
盆栽の飾りで主木の添えとして置かれる山野草などの草もの盆栽。季節感を担う役割を果たす。

仕立て鉢（したてばち）
素材の育成や樹勢の落ちた盆栽素材の養生に使う通気性、排水性のよい素焼き鉢や駄温鉢。栽培鉢。

舎利（しゃり）
枝や幹が枯れて白骨化した状態のこと。厳しい自然の中でできたものが本来の姿だが、人工的につくることもある。

雌雄異株（しゆういしゅ）
雌木と雄木に分かれた植物。実をならせるには雌雄2本をそろえる。

樹格（じゅかく）
盆栽としての品位、風格。古木感があり、樹姿が大きく、見どころの多い樹ほど樹格が高いとされる。

樹冠（じゅかん）
樹の頭の部分の輪郭。

樹芯（じゅしん）
樹の先端。頭、芯ともいう。

受粉樹（じゅふんじゅ）
受粉用の花粉を得るための樹。

小品盆栽（しょうひんぼんさい）
およそ樹高20㎝以下の手のひらサイズの盆栽。

正面（しょうめん）
盆栽が最もバランスよく美しく見える面。

卓（しょく）
盆栽を飾る台。形や材質に多くの種類がある。たくともいう。

神（じん）
幹や枝の一部が枯れて白骨化した木質部が見えているもの。シンパクやトショウなどでは見どころのひとつ。

人工受粉（じんこうじゅふん）
実をならせるために人工的に受粉をする作業。花粉を柱頭につける。

芯の立てかえ（しんのたてかえ）
大きくなりすぎた樹などを、途中の枝のところで切り詰めて、その枝を新しい樹芯にすること。

雑木（ぞうき）
松柏類以外の盆栽の総称。美しい葉や繊細な枝ぶり、幹筋、幹肌、花や実を楽しむ。花もの、実ものを除くこともある。

添え（そえ）
中心となる樹を引き立てる目的で飾る盆栽や石、置物などのこと。添配。

た

大品盆栽（だいひんぼんさい）
およそ樹高60㎝以上の盆栽。

他家受粉（たかじゅふん）
他の樹の花粉で受粉すること。同じ株の花粉では実がつかないもので行う。同じ樹の花粉で受粉することを自家受粉という。

立ち上がり（たちあがり）
盆栽の根元から幹が立ち上がる部分のこと。根張り、枝配りと合わせて、盆栽の見どころの重要なポイントになる。

短枝（たんし）
短い新梢。花もの、実ものでは短枝に花芽がつきやすい樹種が多い。

短葉法（たんようほう）
マツの枝や葉を短くするために行う作業。芽摘み、芽切りなど。

中品盆栽（ちゅうひんぼんさい）
およそ樹高20㎝以上、60㎝以下の盆栽。

直根（ちょっこん）
まっすぐ下に伸びる太くて長い根。

突き枝（つきえだ）
正面に向かって伸びる枝。忌み枝のひとつ。向かい枝、正面枝、前枝ともいう。

底面給水（ていめんきゅうすい）
水を張った器に鉢ごとつけて鉢底から水を吸収させる水のやり方。

摘果（てきか）
実を摘み取ること。少数の実を大きく育てたり、樹の負担を減らしたりするために行う。

添配（てんぱい）
盆栽を引き立たせ、風景などを演出する小物のこと。添えともいう。

胴吹き芽（どうぶきめ）
幹や枝の中間から出る芽。不定芽。

徒長（とちょう）
日光不足や蒸れによって、茎や枝が弱々しく間延びすること。また、新芽などが勢いよく長く伸びることも徒長という。

徒長枝（とちょうし）
勢いよく伸びて樹姿を乱す枝。養分を奪ってほかの枝を枯らすこともあり、花や芽もあまりつかないので、切り詰めることが多い。

ドブづけ
容器に入れた薬液などに樹をつけること。

とりまき
タネをとって、すぐにまくこと。果肉のあるものは、水洗いして取り除いてからまく。

泥もの（どろもの）
釉薬をかけずに高い温度で焼いた観賞鉢。松柏類によく合う。色みによって烏泥（灰色）、紫泥、朱泥、白泥などがある。

な

中芽切り（なかめきり）
主にクロマツ、アカマツの作業で、徒長した新梢を、基部の葉を２〜３葉残して切ること。

肉巻き（にくまき）
剪定後の切り跡や傷口などがふさがった状態。肉巻きがよい、悪いという。

二重鉢（にじゅうばち）
大きめの鉢に砂などを敷き、その中に盆栽を鉢ごと置いて水ぎれを防ぐ方法。保湿効果もある。

二番芽（にばんめ）
一番芽のあとに萌芽する芽。

根洗い（ねあらい）
鉢で長く栽培して根が固まった状態のものを鉢から抜いて、そのまま陶板や水盤に置いて観賞するスタイル（草物盆栽）。

根腐れ（ねぐされ）
水のやりすぎによる過湿などで根が酸欠状態になり、弱ったり腐ったりすること。

捩幹（ねじかん）
盆栽樹形のひとつ。幹がねじれながら、らせん状に上に伸びているもの。ザクロなどでよく見られる。

根詰まり（ねづまり）
鉢の中で根が詰まって酸欠状態になること。根詰まりを防ぐために植えかえをする。

根留め（ねどめ）
樹を固定するために根を留める針金などのこと。

根鉢（ねばち）
根と土が鉢の形に固まったもの。

根張り（ねばり）
株元の上根の張り具合。直幹では根が四方八方に広がり、大地をしっかりとつかんだ力強さ、安定感が好まれる。立ち上がり、枝配りと並んで、盆栽の見どころのひとつ。

捻転（ねんてん）
幹や枝のねじれ。シンパクでよく見られる。

は

葉（は）
一般的に、葉身（平たい部分）、葉柄（葉身と茎をつなぐ細い部分）、托葉（葉柄の基部につく小さな葉状片）に分けられる。葉柄や托葉がないものもある。

葉刈り（はがり）
いったん展開した葉を、葉柄を残して葉身を手やハサミで切り取ること。脇芽を吹かせて枝数をふやしたり、葉を小さくそろえるために行う。全体を刈る場合と勢いの強い部分だけを刈る場合がある。

葉切り（はぎり）
葉の勢いをそろえるために、葉（葉身）の一部を切り落とすこと。

ハサミづくり
針金をかけずに、ハサミで切り返しながら樹姿をつくっていくこと。

葉性（はしょう）
葉の色や形、出方、成長の勢いなどの性質。葉性は改善が困難なので、樹を選ぶ際に考慮すべきポイント。

走り根（はしりね）
ほかの根に比べて、長く伸び、強く暴れる根。走り根を残すと強い徒長枝が発生するので、植えつけ、植えかえ時に元から切り取る。

葉透かし（はすかし）
風通しや日照改善のために、葉が混み合ったところの葉を間引くこと。葉抜き。

鉢上げ（はちあげ）
実生苗、挿し木苗、地植えの樹などを、最初に鉢に植えつけること。

鉢合わせ（はちあわせ）
培養で樹形のできた木に、樹形を引き立て調和する本鉢を選ぶこと。

鉢映り（はちうつり）
樹と鉢とが一体となって醸し出す調和のこと。

鉢締め（はちじめ）
一回り小さな鉢に植えかえて樹を引き締めること。

花がら（はながら）
咲き終わった花。

花芽（はなめ、かが）
発達して花になる芽。

花芽分化（はなめぶんか、かがぶんか）
花芽のもとができること。

葉水（はみず）
葉の表面温度や湿度調整のため、葉に水をかけること。

葉芽（はめ、ようが）
成長して葉になる芽。

葉やけ（はやけ）
夏の西日などの強光によって葉の一部がやけて枯れること。

針金かけ（はりがねかけ）
幹や枝に針金をかけて模様や曲をつけたり、枝の角度や方向を矯正したりすること。

盤根（ばんこん）
複数の根が癒着して表土上の上根がひとかたまりになった根張り。

半日陰（はんひかげ）
木漏れ日程度の明るい日陰。または１日に３〜４時間くらい日が当たる場所。

引き根（ひきね）
樹芯の流れの方向と反対側に強く伸びた根。

ひこばえ
株元から出る細く若い枝。ヤゴ。

姫性（ひめしょう）
成長しても大きくならない性質。そのような品種。矮性。

吹かし直し（ふかしなおし）
樹を丸坊主にして幹だけにし、新たに枝を出させて再生する方法。

不定芽（ふていが）
通常は芽を吹かない場所から出る芽のこと。幹や枝の途中から出る芽。樹勢が強い若木などに多い。放任すると車枝になったり、ふところが混み合ったりするので早めにかき取る。

懐枝（ふところえだ）
幹に近い部分に発生し、閉じ込められた枝。日当たりが悪い。

本鉢（ほんばち）
観賞に用いる鉢。観賞鉢、化粧鉢などともいう。

ま

幹肌（みきはだ）
幹の部分の風合い。古さを感じさせるもの、なめらかなものなどがあるが、樹種に

より幹肌の見どころは異なる。

幹模様（みきもよう）
幹がもつ曲（カーブ）の様子。

実生（みしょう）
タネから育てる繁殖方法。タネから芽生えた苗（実生苗）。

微塵（みじん）
土がつぶれてできる粉。微塵が多いと根詰まりの原因になるので、植えつけ後にたっぷり水やりをして洗い流す。

三叉枝（みつまたえだ）
枝元から３本に分かれた枝。盆栽では忌み枝なので１本切り取って二叉にする。

みどり摘み（みどりつみ）
春に「みどり」と呼ばれる、マツ類の棒状の新芽を摘むこと。芽摘みともいう。樹勢のバランスを整えるために行う。

芽当たり（めあたり）
剪定によって不定芽が出始めた状態。

芽起こし（めおこし）
枝先に針金をかけて上向きに起こす作業。

芽かき（めかき）
伸ばしたくない芽や不定芽をかき取ったり、芽の数が多すぎるときに、いくつかの芽を間引く作業。

芽切り（めきり）
マツ類で、芽の勢いの強弱をそろえ、葉を短くする目的で、新芽を切り取り、二番芽の萌芽を促す作業。短葉法のひとつ。クロマツでは欠かせない作業。

芽摘み（めつみ）
芽の勢いをそろえ、小枝の分岐を促したりするため、新芽を摘み取る作業。時期、樹種によっていろいろなやり方がある。

持ち込み（もちこみ）
観賞できる樹形を維持しながら、長年盆栽鉢で培養していること。味わいが出てきたさま。盆栽の見どころのひとつ。

模様木（もようぎ）
盆栽樹形のひとつ。幹がゆるやかな曲線を描いて曲がっている状態の樹。

や

役枝（やくえだ）
樹形の骨格をつくるうえで重要な枝。一の枝、二の枝、三の枝、裏枝、利き枝 。

焼け込み（やけこみ）
幹の一部（木質部まで）が、枯れて腐った状態。ザクロやサツキに見られる。

ヤゴ
根元から出る不定芽。ひこばえ。

八房性（やつぶさしょう）
枝が細かく出て、葉も小さく数多く出る性質。普通種に比べると、全体に矮性であまり大きくならないので小品盆栽向き。

山採り（やまどり）
山の自生樹を採取して仕立てること。そのように仕立てた盆栽。

癒合剤（ゆごうざい）
剪定後の切り口に塗布して菌の侵入を防ぎ、傷口の回復を促す薬剤。

葉身（ようしん）
葉の主要な部分。モミジでは、手のひら状のところ。

葉柄（ようへい）
主に、葉身と枝をつなぐ部分。

葉面散布（ようめんさんぷ）
液体肥料や活力剤、薬剤を葉に散布すること。

わ

矮性（わいせい）
成長しても大きくならない性質。そのような品種。姫性ともいう。

若木（わかぎ）
その樹種ならではの特徴が出ていない成長過程の若い木。

脇芽（わきめ）
葉のつけ根から出る芽。

指導・関野 正（せきの ただし）
神奈川県秦野市で60年以上にもわたり盆栽園を営んでいた盆栽家。幹や枝を大胆に曲げた独創的な作風は多くのファンをもち、「新しい樹形」として注目されていた。玉川大学継続学習センターの講座「盆栽を楽しむ」を担当した。2021年没。（盆栽園　神奈川県秦野市鶴巻南3-1-10　Tel0463-77-0480）

監修・松井 孝（まつい たかし）
元玉川大学教授、生活と園芸、花き園芸学などを担当。日本の伝統文化に興味をもち、中学2年で生け花を、高校1年からは盆栽を習い始めた。山採り素材の仕立て方や盆栽の見方・味わい方、黒松八房の接ぎ木技術などを大野米治氏から学ぶ。盆栽づくりは一時期中断したが今日まで40年ほど続いている。『桜の盆栽』『さくら百科』（永田・石川ら編、丸善）、『小さな盆栽づくり』（監修、主婦の友社）など著書や監修した書籍も多数。

装丁　　　江原レン（mashroom design）
本文デザイン　深江千香子、柳浦聡子（エフカ）
イラスト　群 境介
校　　正　大塚美紀、落合有希子（聚珍社）
撮影協力　漆畑信市（苔聖園）、有馬裕史、安藤 操、石井靖子、伊奈伸滋、太田陽一、大藪真博、岡留啓介、
　　　　　片岡貞光、片倉義文、加藤洋子、金子貞治、北野 肇、北原安男、霧生 明、熊谷光雄、小島三枝子、
　　　　　小宮京子、斉藤八千代、佐藤幸男、佐野嘉彦、清水多喜子、清水康雄、関野 正、関野太郎、添田敬司、
　　　　　高橋和夫、田辺ひろみ、土屋政夫、冨岡義秀、中野 隆、中野喜美江、花井絵里、花井智也、広瀬 清、
　　　　　深澤芙美子、福田美弥、真壁省治、松井 孝、松本八千代、宮川久男、茂木啓介、森田東平、森山秀康、
　　　　　村木義弘、矢嶋幹男、李在哲、和田博昌、全日本小品盆栽協会
写　　真　小須田進、勝吉祐介、主婦の友社
編集担当　宮川知子（主婦の友社）

<ruby>新装版<rt>しんそうばん</rt></ruby> はじめての<ruby>盆栽<rt>ぼんさい</rt></ruby>づくり

2024年4月20日　第1刷発行
2025年1月10日　第2刷発行

編　者／主婦の友社
発行者／大宮敏靖
発行所／株式会社主婦の友社
　　　　〒141-0021 東京都品川区上大崎3-1-1 目黒セントラルスクエア
　　　　電話　03-5280-7537（内容・不良品等のお問い合わせ）
　　　　　　　049-259-1236（販売）
印刷所／大日本印刷株式会社

©Shufunotomo Co., Ltd. 2024　Printed in Japan
ISBN 978-4-07-456935-9

※本書は『はじめての盆栽づくり』（2017年刊）を改訂した新装版です。
　盆栽の所有者や撮影協力については『はじめての盆栽づくり』をもとにしています。